Ideas Vagas, Sentimientos Claros

Ideas Vagas, Sentimientos Claros

Jorge González Moore

Editorial JGGM

ISBN 978958-33-6344-8

Primera edición: Noviembre de 2005

Editado por **Editorial JGGM**, Noviembre de 2005
Tel. 57 3 102561686 / j_gonzm@hotmail.com

Fotomecánica, impresión y encuadernación: RF2
Ilustraciones y diagramación: Eduardo Forero Angel
RUT: 79 787 869 - 8
Impreso en Bogotá, Colombia, Noviembre de 2005

A mi abuelo,

De quien tengo los mejores recuerdos
Y quien con su ejemplo
sólo cosas buenas me enseñó:

Don Jaime Moore de Mendoza,
La mejor persona que he conocido.

Agradecimientos:

"No escribo para una minoría selecta,
no escribo para el adulado ente llamado masa.
Descreo de ambas invenciones, caras al demagogo.
Escribo para mí, para los amigos
y para atenuar el curso del tiempo". [1]

Quiero agradecer a quienes me acompañaron y guiaron a lo largo de todo el camino, y que a pesar de los tropiezos y dificultades, jamás desfallecieron.

A todos aquellos que de alguna u otra forma, y acertadamente, han hecho parte de mi vida. Sin ustedes no hubiera disfrutado tanto de esta ruta, que es siempre mucho más trascendental y esencial que la meta. Con ustedes como amigos, el mundo es un lugar más interesante para vivir y se hace posible ser feliz.

Bogotá, Colombia, 2005.

1 Jorge Luis Borges, El Libro de Arena (Emecé Editores S.A., Buenos Aires, 1983)

Prólogo:

Lo primero que me sorprende al comenzar la lectura de este libro de Jorge González Moore, es la forma utilizada por él para expresar sus ideas y sus sentimientos: primeramente con frases cortas y rotundas, luego con cuentos cargados de meditaciones y finalmente con poemas.

El conjunto muestra un espléndido contenido de formas literarias y de recursos muy elocuentes. Y muy difíciles de armonizar. Jorge lo ha logrado, seguramente por la virtud de su fuerza interior, juvenil, y su espontaneidad.

La segunda sorpresa me la depara el título, porque no me parece que las ideas sean vagas sino al contrario, muy precisas. En cambio los sentimientos, - como sucede siempre con la expresión de lo que *siente el alma,* o de la sensualidad del espíritu y del cuerpo, - están dotados de las fortalezas, las suavidades, las debilidades, las dulzuras, los asombros, los temores, las alegrías y todo cuanto caracteriza la sensibilidad de la naturaleza humana. Quizás lo que ha sucedido es que Jorge ha querido aprovechar una estrofa de uno de sus más bellos poemas, llamado "Inseparables", que dice:

"Ideas vagas, sentimientos claros,
Virtud de los poseídos
Desgracia de los triunfadores
Inquietud del alma"

La expresión literaria de los sentimientos y de las ideas mediante frases cortas, - que Jorge confiesa "son las que más he disfrutado de componer"- requiere condiciones y esfuerzos especiales. Es indispensable pensar ideas precisas, tener los recursos intelectuales suficientes para sentirlas y comprenderlas a cabalidad, y la cultura, -que es distinta, en este caso, de la extensión de los conocimientos- necesaria para sintetizarlas. Lo más difícil es la síntesis. Pero es lo más hermoso. Cuando se logra hacer, el estilo adquiere significados y resonancias admirables.

La forma literaria que las utiliza tiene grandes y excelsos antecedentes, por supuesto. Epicteto, - el ilustre esclavo que fue paradigma del estoicismo- Marco Aurelio, el emperador; La Bruyère; La Rochefoucauld, compusieron sus monumentos filosóficos y literarios con ellas. Entre nosotros, Nicolás Gómez Dávila creó sus "Escolios a un texto implícito", -seguramente la más prodigiosa obra filosófica y literaria compuesta aquí,- de mismo modo. Los ejemplos son pocos, pero espléndidos.

Las "Máximas y Sentencias" de La Rochefoucauld son el modelo por excelencia. Sabemos sus orígenes. En 1665, en plena madurez, La Rochefoucauld frecuentó a Madame De Sablé, una dama muy prominente que había participado en las agitaciones de La Fronda y después, al abandonar sus actividades políticas, fundó, en sus salones, una tertulia literaria a la que asistían sabios, escritores y maestros, científicos, teólogos, generales y poetas de diversas edades y condiciones, y grandes y hermosas damas. Se planteaba un tema cualquiera y los participantes, al intervenir en la discusión, debían condensar su pensamiento en una frase. Así fueron apareciendo las Máximas. Las más célebres fueron las compuestas por La Rochefoucauld. Un día fueron editadas. En ellas "aparecen escrutados los repliegues del corazón, hasta la intimidad intencional."

Jorge advierte, en su *Introducción,* como ha procurado tercamente que sus frases reflejen "la mejor virtud posible", aun cuando no siempre ha entendido "su complejidad desde un principio, y de hecho muchas de ellas me han sorprendido tiempo después. Quizás cuando las escribí no las comprendí en su entera dimensión......" Y más adelante declara que "Sostengo la batalla de escribir para intentar desgarrar la brutal inercia casi demencial de **los días que van, vienen y fueron, para tratar de menguar el frenético paso de las horas que avanzan sin tregua, sin ninguna oportunidad de volverlas a recobrar. También para resistir, para procurar mantener la esperanza, y que los días sean algo más que cumplir con el instante, en hacer por hacer. Es por eso que se hace necesario restaurar la esperanza, porque creo**

que la vida es mucho más que lo evidente que se presenta a diario ante nuestros ojos; porque andamos deprisa, pero no sabemos por qué ni para qué y derrochamos aquello que nos abraza.........."

Si....... Precisamente ayer yo estuve releyendo a uno de mis poetas preferidos, mi antiguo amigo desaparecido, uno de los mayores poetas de nuestro tiempo, Aurelio Arturo, quien dice en cierto poema inolvidable...... *"Los días que uno tras otro son la vida, la vida...."*.

Recuerdo la estrofa completa:

"A través de las horas del día, de la noche
-la noche avara pagando el día moneda a moneda-
en los días que uno tras otro son la vida, la vida
con tus palabras............"

Pero veo que el entusiasmo me ha hecho rebasar el tema. Lo cierto es que este libro de Jorge González Moore ha resultado magnífico. Lo son sus "Pensamientos y Frases", sus Cuentos y sus poemas. Es necesario leerlos lentamente, pensando mientras se pasan los ojos sobre las palabras. Este es el primer libro de Jorge. Seguramente vendrán otros más. Para satisfacción suya y de sus amigos y lectores, entre los cuales me coloco encantado de la vida. Porque, como él dice en algunas de sus máximas,

**"La vida y las relaciones se construyen día a día,
todos los días, durante todo el día.
(mañana, tarde y noche)."**

Así es. Así debe ser. Así será.

Alberto Dangond Uribe
Bogotá, Colombia, 2005.

Introducción:

"Le tocaron, como a todos los hombres,
malos tiempos en que vivir."
J. L. Borges

"I have spoke with the tongue of angels
I have held the hand of a devil [...]
But I still haven't found
What I'm looking for."
U 2

Y entró con esa parsimonia que sólo otorgan los años y la experiencia a quienes les ha permitido vivir más de lo que deberían. Con su irreemplazable presencia mis recuerdos viajan a ese menudo bosque de Eucaliptos con su aroma adormecedor, sosegado y característico en donde se entremezclan unos grandes silos de cemento utilizados para almacenar las cosechas de la hacienda. El aire enrarecido con las virtudes naturales del campo, convertía el ambiente en algo casi mágico. Ver los animales pastando en la verde llanura y laderas, entre el aire glacial de la tarde, me hacían divagar entre reflexiones, ilusiones y esperanzas.

Escribir es volver conscientes y palpables los sentimientos y las emociones para concebir y aprehender la percepción particular e individual de la realidad. Escribiendo se desnuda el alma, se es genuino, sin corazas ni salvaguardas, que a larga de nada sirven más que para envejecer pronto.

En una tarde de colegio, en el primer año de bachillerato, durante una abrumadora clase de Historia Universal, empecé a escribir mis pensamientos como un proceso personal e intuitivo ambicionando comprender las realidades de mis experiencias; como una inconsciente terapia particular.

En aquella hora de rutina académica observé una libreta para notas de alguno de mis colegas de ergástulo. Esta contenía frases y pensamientos de autores conocidos y anónimos. De manera furtiva se la pedí y transcribí una docena de frases a la hoja final de mi cuaderno de apuntes. Repasé las frases durante varios días y solamente a la hora de esa clase; luego de un par de semanas decidí agregar algo de mi invención. A partir de este instante comencé a llevar un diario de pensamientos que con el tiempo se convirtieron en un registro de mis experiencias.

Cuando una persona decide plasmar con palabras lo que siente, guiarlo en un contexto escrito en la forma que sea, le está entregando una parte de sí a un público; al lector. Porque es una manifestación de cada ser que va más allá de sólo palabras en un texto, o pintura en un lienzo, o notas en el aire, y cada una, sean palabras, pinceladas o notas, son un medio de correspondencia y vínculo del autor hacia su entorno y los demás. De ahí la grandeza e importancia del arte; importancia que en nuestro medio contemporáneo está siendo frenéticamente desatendida (inclusive excluida) por la delirante vertiginosidad de la modernidad. En cada escritor hay una desobediencia y rebelión en contra de dejar atrás el verdadero sentir humano.

El presente libro es una recopilación de algunos escritos hechos a lo largo de los años de juventud, de colegio y universidad, que sin lugar a dudas fueron un importante apoyo y distracción en esas horas de encuentro y desencuentro con mi ser, los demás y, en general, el mundo a mí alrededor. Incluí también algunos cuentos y poemas incidentales de esos y estos años.

La sección de Pensamientos y Frases contiene muchas reflexiones y opiniones personales que por sus características e inseparable valor individual hacen parte fundamental de mis vivencias, recuerdos y utopías; estas son las que más he disfrutado componer. Cada una de las Frases y Pensamientos son un reflejo espontáneo e innato al observar las situaciones que acontecen, además de meditar sobre mis sentimientos los cuales veo manifiestos en lo que sucede. Me perturba -en el sentido más positivo de la expresión- poder atrapar una escena, un sentimiento o un pensamiento en un enunciado: en un equipaje ligero que pueda llevar conmigo como un marco de referencia personal y a la vez universal.

He procurado tercamente que cada una de las Frases refleje la mejor virtud posible; sin embargo, no siempre he entendido su complejidad desde un principio y de hecho muchas de ellas me han sorprendido tiempo después. Quizás cuando las escribí no las comprendí en su entera dimensión, pero al analizarlas en retrospectiva he visto cómo revelan aspectos de la mayor importancia sobre mis vivencias y expectativas.

Algunos temas son recurrentes y no puedo menos que decir que soy desmesurado en lo que considero esencial y a pesar de que los pensamientos son afines, cada Frase representa momentos en el tiempo y sentimientos particulares. Todo depende del instante y de las emociones de los cuales germinan, por lo que las muchas reiteraciones y contradicciones no son necesariamente incompatibles, sino que caracterizan los extremos del balancín en el itinerario de las experiencias e inexperiencias cotidianas. He mantenido el orden cronológico de las Frases y Pensamientos sin intentar organizarlos por tema o de alguna otra forma, con el único fin de conservar su espíritu natural inicial. Igualmente, he dividido esta parte del libro en secciones significativas que separan las experiencias de esos años.

Sostengo la batalla de escribir para intentar desgarrar la brutal inercia casi demencial de los días que van, vienen y fueron, para tratar de menguar el frenético paso de las horas que avanzan sin tregua, sin ninguna oportunidad de recobrarlas. También para resistir, para procurar mantener la esperanza, y que los días sean algo más que cumplir con el instante, en hacer por hacer. Es por eso que se hace necesario restaurar la esperanza, porque creo que la vida es mucho más que lo evidente que se presenta a diario ante nuestros ojos; porque andamos deprisa, pero no sabemos por qué ni para qué y derrochamos aquello que nos abraza; porque por momentos pareciera que carecemos de rumbo y nos sentimos a la deriva, en un océano de incertidumbre, interminable y permanente, incapaces de decidir, de asumir el curso que tal vez en el fondo sabemos que se debe tomar. Porque no tiene sentido alguno pasar el tiempo por pasarlo: únicamente existe sentido si somos auténticos, si somos nosotros mismos quienes fijamos el destino.

Ya entrada la tarde de esos inolvidables e incontables sábados y bajo un viento imperturbable el fatigado sol se descolgaba ocultándose tras las laderas con surcos dispuestos para la siembra, mientras emprendíamos todos el camino de regreso a casa. Con una mirada que reflejaba siempre su extraordinaria manera de ser, tan simple pero tan profunda, partíamos evocando las historias de lo que había sucedido durante las horas anteriores así como nuestros sueños más ambiciosos. Así comprendí que él no esperaba de mí más de lo que yo mismo esperaba.

Y partió con esa avidez que sólo poseen los que reconocen lo mucho que les falta recorrer para llegar a casa por el camino más largo.

Bogotá, Colombia, 2005.

Pensamientos y Frases

Algunas Definiciones

La realidad es complejísima y tan imposible de atrapar como inevitable es nuestro intento por entender. La mente anhela aruñar aquello que nuestro corazón siente. Cada cual apela a su propio lente e inherente sesgo y desde luego, a algo de ironía.

Hombre: Organismo parasitario terrestre con aires de grandeza.

Mujer: Todo lo anterior más poderes para manipular a cualquiera.

Humanidad: Colmena de hombres y mujeres in-civilizados que se creen civilizados, cuyo único propósito es hacerse la vida imposible.

Colegio: Industria de la enseñanza cuya producción es en serie y con un ínfimo rango de tolerancia.

Limpiar: Esparcir el mugre de tal manera que no se note que un área está excesivamente sucia.

Vida: Tiempo muy corto en el cual hay que explicar lo inexplicable.

Historia: Un tiempo en el cual todo fue predecible.

Amigo: Persona de confianza a la cual se le puede molestar, pedir favores y dinero, sin que demuestre su desagrado.

Amiga: Persona a la cual se le puede contar algo con la certeza que tanto amigos como enemigos lo sabrán en el menor tiempo posible.

Examen: Reafirmar que nada se sabe.

Paz: Ideal que solo se obtiene luchando.

Costumbre: Lo que se le obliga a ser y hacer a la gente durante mucho tiempo.

Conciencia: Una voz muy baja que grita en los momentos más inoportunos.

Generosidad: Dar a los demás lo que nos daríamos a nosotros mismos.

La Vida: Una barca en un océano incierto. No todos somos marineros, algunos tan sólo se creen pasajeros (o turistas), pero al igual que el capitán, a la deriva van.

Educar: Dar la libertad para equivocarse y fracasar pero siempre brindar la protección contra la derrota.

Optimizar: Refinar el error.

1986-2002

Pensamientos y Frases

I. Despertar

Comenzar a palpar la realidad y descifrar que esta no es lineal. Asombro por vivir y descubrir, especialmente en los años iniciales de juventud.

—

Cuando la luz se apagó, se prendió la oscuridad.

—

Nunca digas nunca jamás, simplemente di No.

—

Si te pegan en una mejilla..., no seas ingenuo, no pongas la otra.

—

Las ideas son buenas..., hasta que se llevan a la práctica.

—

Los sabios no son sabios, simplemente son unos idiotas más que recolectan ideas del montón.

—
La gente inteligente es gente diferente.

—
Quien revela secretos ajenos es un traidor, el que revela los propios es un cretino.

—
La justicia y la ley son sólo para el que las cumple (más lo último que lo primero).

—
Los grandes sabios son ignorantes superados.

—
La gente empieza a matar a las personas antes que éstas en realidad se mueran.

—
Dales alas que ellos vuelan.

—
Todo parece indicar que lo importante en el mundo actual no es para qué se vive sino cómo se vive.

—
No es que lo nacional sea de mala calidad, lo que pasa es que lo importado es mejor.

—
La guerra es la única forma de lograr la paz.

—
Cuando los inventos y la tecnología se usen para la paz será demasiado tarde.

—
Lo bueno de ser comunista es hacer comunismo con las cosas de los demás.

—
Si hay vida inteligente en el universo es porque hay otros seres, nosotros no contamos.

—
El sueño del hombre es vivir en sus sueños.

—
Justo en vacaciones es cuando hay más días festivos.

—
Nunca se está cansado para ganar dinero.

—
Si hay dinero de por medio hay hombres en el medio.

—
A la hora de hacer negocios todos los políticos son del mismo partido.

—
Cuanto menos se usen las cosas menos se dañan, por eso usa las de los demás.

—
El cuerpo es el estado natural del ser humano. Y el único.

—
La autocrítica es el arte de insultarse a sí mismo.

—
Al caído no se le cae, se le aplasta.

—
La vida sonríe hasta que los dientes postizos caen.

—
La vida sin sueños no es nada: ¡A dormir!

—
Con perder una batalla no se pierde la guerra, pero sí un poquito de orgullo.

—
Muchas veces la adolescencia es la metamorfosis de la verdad para convertirse en mentira.

—
Creer en uno mismo es signo de inteligencia; creer en los demás es debilidad y lástima, o estupidez.

—

No es la esperanza lo último que se pierde sino el orgullo.

—

El hombre es una mala invención de Dios, aunque éste en su absurda prepotencia piense lo contrario.

—

Las ideas del ser humano siempre serán superiores y mayores que su cuerpo.

—

Muchas veces lo más angosto de un camino es la entrada.

—

Ser simple es complicado y ser complicado es extremadamente simple.

—

La cobardía no es un defecto en lo débiles, es una necesidad imperativa.

—

Si una bala, siendo un pedazo de metal hecho por el hombre, destruye una vida, ¿qué haría un hombre lanzado a la velocidad de una bala?

—

A menudo se piensa mucho en poco tiempo y a veces en tanto tiempo se piensa tan poco.

—

El dinero no lo es todo en la vida... pero provee una sensación de tranquilidad inigualable.

—

Algunos sobreviven la guerra pero no la paz.

—

La guerra más difícil de ganar es contra sí mismo.

—

No siempre la vida trae cosas buenas, pero al menos trae cosas.

—

Para triunfar en la vida se hace necesario arriesgar hasta la vida misma.

—
La importancia de competir es ganar y si no se gana, lo importante es competir.

—
El futuro es la nostalgia pasada de lo que se quiere ser en el presente.

—
Sólo le pido a Dios que exista.

—
El tiempo es vida; perder el tiempo es una estupidez.

—
No se puede pretender que todo sea bueno, pero al menos intentar que no todo sea malo.

—
Es más inteligente observar nuestra actitud que la de los demás.

—
No hay que discutir con alguien que sea más hábil con las palabras que uno, así se tenga un buen argumento.

—
Darse por vencido es creer que los problemas se van a acabar por no resolverlos.

—
La realidad es contagiosa, pero yo ya estoy vacunado.

—
Un gran problema es llegar a creer que se sabe algo sobre todo, y no entender la imposibilidad de conocer todo sobre algo.

—
Vivimos en el filo del presente, con el precipicio del pasado a un lado y la escarpada del futuro al otro.

—
El presente no existe, porque cuando termine de leerme ya seré pasado y habrá perdido un tiempo valioso.

—
Son las personas las que -para bien o para mal- de verdad hacen la diferencia.

—
Todo profesor fue alguna vez alumno.

—
El traductor es un cómplice del autor.

—
El abismo del pasado es imposible de tapar u ocultar.

—
No entiendo por qué no entiendo.

—
Para vivir feliz, no hay que tener vínculos con la religión, el gobierno y los militares.

—
Los científicos no son consumados, sino consumidos por la ciencia.

—
Queda tanto por escribir que no sé por donde empezar.

—
Por más que se tenga afán de vivir, siempre la vida vendrá de segundo en segundo.

—
Morimos sólo cuando estamos felices.

—
Un ejemplo es siempre mejor que una explicación.

—
No se debe buscar ser como los demás sino mejor que ellos.

—
Todo se puede hacer por lo menos de dos maneras.

—
La persona inteligente no es quien busca las circunstancias propicias, es quien las fabrica.

—
El presente se hace auténtico cuando olvidamos el pasado y no especulamos sobre el futuro.

—
Nos damos cuenta de que un espacio es grande en el momento en que tenemos que limpiarlo.

—
Los seres humanos anhelan tanto la paz que son capaces de ir a la guerra por ella.

—
La ciencia es hija de la ficción.

—
Nuestros cuerpos y nuestras almas son frágiles; sin embargo, resisten más de lo que suponemos.

—
No deberíamos pedir que los demás cambien, sino rogar para que nosotros lo hagamos.

—
Si todo lo que la gente dice fuera bueno, entonces no todo lo que hace sería malo.

—
Lo que sé, lo sé. Y lo que no sé, me lo invento.

—
Todos tenemos algún problema y pensar que no se tienen problemas ya es uno.

—
La vida se vive lentamente, lo que sucede es que la desperdiciamos rápidamente.

—
No se debe confiar dos veces en la misma persona.

—
Las ideas no importan mientras no haya quien las exprese y lidere.

—
Desde el principio debemos pensar en el final.

—
Por momentos la eternidad se nos prolonga.

—
No es que las cosas estén caras, lo que pasa es que ganamos poco.

—
¿Por qué será que los seres humanos copiamos todo de la naturaleza y ésta no copia nada de nosotros?

—
Todos y todas las cosas tienen un precio. Al avaro se le compra con dinero, al vanidoso con halagos.

—
El ciego no es aquel que no puede ver sino el que no quiere escuchar, y será el primero en tropezar.

—
No se debe decir todo lo que se sabe porque se corre el riesgo de que los demás sepan lo que desconocemos.

—
Todo es más fácil para quien sabe y se encuentra preparado.

—
A fin de cuentas únicamente nos tenemos a nosotros mismos.

—
La vida no es estar ocupado o el hacer aquello que lo mantendrá ocupado. Se trata de hacer lo importante, lo que permitirá tener tiempo libre.

—

Para una persona una sola palabra puede tener miles de significados mientras que para otra, miles de palabras pueden tener un único significado.

—

Cuando no damos lo mejor de nosotros, pierde toda la sociedad.

—

Los errores no se reprenden, de ellos se aprende.

—

Un “adiós” puede ser un segundo en el tiempo, pero una vida en el corazón.

1986-1990

II. Búsqueda

El camino está por recorrerse, todo paso es distinto, único y esencial. Es la exploración a través de nuestros sentidos intentando desmenuzar el entorno para interiorizarlo.

—

Toda nuestra vida buscamos parecernos a otros en lugar de averiguar quiénes somos en realidad.

—

El egoísta es aquel que piensa más en sí mismo que en los demás; ¿Pero quién no lo hace?

—

Si usted no lee esta frase es porque no es curioso.

—

La vida es menos complicada de lo que pensamos, sin embargo no es tan fácil como imaginamos.

—

Si la revolución es una gran empresa... entonces es capitalista.

—

Todo lo podemos solucionar ahora; mañana... tal vez mañana no podremos hacer mucho.

—

Desde nuestro punto de vista los demás están mal; infortunadamente ellos piensan lo mismo.

—

Es lamentable que ser honesto en este mundo no sea bueno.

—

El pasado se nos escapa, el futuro está muy lejano. Sólo el presente nos pertenece.

—

Hemos llegado muy lejos conociendo tan poco.

—

Nunca sabemos lo suficiente, tan sólo lo necesario.

—

El mal genio no arregla las cosas: únicamente las empeora.

—

Cuando se está sólo en el mar profundo... uno se agarra de cualquier cosa.

—

Las respuestas -al igual que las preguntas- no están en las cosas sino en nosotros mismos.

—

Todos tenemos derecho a equivocarnos. Pero cuando estamos jugando con la vida y el destino de los demás no deberíamos tenerlo.

—

Rara vez conocemos realmente a los demás (y viceversa).

—

Errar es de marranos.

—

El fracaso inicia cuando las grandes expectativas empiezan a ser devoradas por pequeños imprevistos.

—

Ninguna edad de la vida es buena para estar peleando.

—

Unas veces se gana, otras se pierde. Pero eso no significa que nos tiene que gustar.

—

Hay algo peor que una mala amistad y es la traición.

—

Los cementerios están llenos de héroes.

—

Tenemos muchos conocidos, pero podemos contar con los dedos de las manos a nuestros amigos.

—

De segundo en segundo los años y la vida se van agotando.

—

El profesor no es aquel que sabe mucho, sino aquel que sabe trasmitir lo poco que sabe.

—

No hay que intentar vivir la vida en un sólo día, pero si a plenitud todos los días.

—

La vida es demasiado bella para desperdiciarla: no la desperdicies escribiendo pendejadas.

—

Cuando se burlaron de todo lo que era preciado para mí, comprendí que las personas ven en nosotros a otras personas.

—

Tengo muchas razones para no estar feliz, sin embargo, nunca son las suficientes para no ser optimista.

—
Todo está hecho, sólo nos falta descubrirlo.

—
El sentido general existe, si tiene un sentido individual.

—
En la medida en que nos conozcamos a nosotros mismos conoceremos al mundo y a los demás.

—
Somos como una ficha de un rompecabezas, tan sólo una más, pero sin nosotros éste no estaría completo.

—
Cada uno ve lo que quiere ver, y cree lo que quiere creer.

—
El mundo comenzó sin el hombre, pero éste va a terminar con él.

—
La confianza no se pide, se toma y se hace.

—
Un buen profesor es aquel que a la vez que enseña también aprende de su alumno.

—
Así tuviéramos todo el tiempo del mundo, lo desperdiciaríamos al igual que lo hacemos ahora con nuestras vidas.

—
En un proceso educativo el único damnificado es el alumno.

—
No debemos poner todas nuestras esperanzas y expectativas en una sola persona o en un sólo acontecimiento.

—
Somos inmortales al perdurar en la memoria de los que se quedan.

—
No existe excusa alguna para no intentar hacer y ser lo mejor posible.

—

Un segundo de genialidad es una vida de descubrimiento.

—

No hay muerte que no sea estúpida.

—

Se necesita más valor para terminar un proyecto que para empezarlo.

—

Luchemos por lo que tenemos, no por lo que iremos a tener.

—

No hay que olvidar que también somos los otros, los demás de los demás.

—

Siempre habrá algo más que añadir pero no siempre algo más que cosechar.

—

No hay respuesta alguna que no sea verdadera, sólo preguntas absurdas.

—

Las ideas les pertenecen a los pensadores y creadores; el mundo a los astutos.

—

Estamos condenados a nunca saberlo todo. Pero saber esto es ya un adelanto.

—

No hay nada más grato que el reconocimiento de los demás hacia nuestras acciones y nada más doloroso que cuando no lo notan.

—

El más ignorante es el que cree ignorantes a los demás.

—

La vida es únicamente este instante, aprovecha lo que tienes ahora, mañana puede ser tarde.

—

Si los ojos son la ventana del alma, la mirada es la llave al corazón de los demás.

—

No hay ganadores y no hay perdedores: sólo simples jugadores sin número en un juego que está aún por iniciar.

—

¿Para qué vivir? ¿Para qué luchar? ¿Sólo para encontrar caras amargas?

—

Un papel en el aire, ¿va donde quiere ir o dónde el viento lo lleve?

—

Lo que me incita a pensar sobre el universo son las paradojas de las teorías sobre el mismo.

—

La voluntad es la que arrasa o impone barreras.

—

Puede que la vida sea puro barro, pero algunos somos buenos alfareros.

—

Guardar recuerdos es como atesorar basura. Claro que hay basura cuyo olor vale la pena soportar.

—

Dios existe en el alma del hombre o en nuestra imaginación.

—

El agua en la distancia no se diferencia. Únicamente cuando la probamos podemos saber si es fresca o podrida.

—

Árbol que crece torcido, nunca su sombra endereza.

—

Represento lo que me han enseñado, pero no he aprendido nada.

—

Es doloroso estrellarnos contra nuestra ignorancia.

—

Nos alejamos del pasado; por lo tanto somos nosotros quienes nos acercamos al futuro.

—

No hay mayor infierno que el de este mundo.

—

No intentemos ser mejores personas, bastaría con que intentáramos ser personas.

—

¿Hacemos lo que podemos... o lo que hacemos es todo lo que podemos?

—

Únicamente en la vida real, cosas reales suceden.

—

En ocasiones es mejor soñar las cosas que poseerlas.

—

Sé que tengo que partir, pero no imaginé que sería tan pronto.

—

La matemática es saber (creer) que 1 es igual a 1, siempre y cuando 1 sea igual a 1.

—

El arte no se debe apreciar por el ojo del crítico sino por la mirada del observador casual.

—

Me siento ignorante ante las preguntas de un niño.

—

En ocasiones lo justo parece injusto, todo depende de qué lado estemos.

—

Jamás me sentí tan perteneciente a un lugar que cuando me expulsaron de él.

—

Vive feliz un día y recordarás ese día el resto de tus días.

—

No esperemos vivir cada día como si fuera el último: es mejor vivirlo como si fuera el primero.

—

Conocerás a alguien a través de los libros de su biblioteca y su sabiduría al preguntarle acerca de uno de ellos.

—

No estamos aquí para competir con los demás: estamos para intentar ir más allá de nosotros mismos.

—

En ocasiones pareciera que nuestra vida es paralela a la felicidad.

—

De vez en cuando es mejor mirar al piso para no caer, que contemplar el cielo y tropezar.

—

Simplemente no tengo nada que decir.

—

Quien cree que nada es posible, posiblemente no es nada.

—

Estamos tan cerca y a la vez tan lejos porque aún no entendemos qué es lo que pasa.

—

Todo lo pueden cambiar, menos nuestro corazón (pero por momentos me asalta la duda).

—

Quien no traiciona sus sueños tiene derecho al éxito.

—

La inmensidad del universo nos llama a ser modestos.

—

El amor es la virtud del cobarde y la tristeza del valiente.

—
Esperar al destino es acostarse a esperar la muerte.

—
Sopla una brisa de esperanza... y la vida es un huracán de expectativas.

—
Quien clasifica a los demás siempre cree estar fuera de dicha clasificación.

—
Es sano aprovechar el menor descuido para hacer relajo.

—
Bajo las estrellas el niño mira el horizonte, el hombre el amanecer, pero únicamente el poeta la eternidad.

—
Todo lo que deseo está tan cerca y a la vez tan lejos que sólo deseo estar en otro lugar.

—
No le pido a Dios que me quite todo mal de encima, pero sí que me ayude a superarlo.

—
Llega el momento de hacer las cosas, de ir a buscar lo que se quiere sin reparos.

—
Y la verdad es que únicamente esperamos seguir adelante con nuestra vida sin que a veces nos importe el pasado, porque al fin y al cabo lo pasado no importa a menos que así lo creamos.

—
Y nada pasa a menos que así lo creamos (queramos), porque nuestra vida no es más que lo que pensamos que es, nada más.

—
No siempre entendemos las palabras y las acciones.

1990-1993

III. Encuentros

Creer que es posible. Esperanza de descubrirse, encontrarse y complementarse en y con los demás.

—

Debemos agradecer a aquellas personas que dedican su vida a enseñarnos a vivir.

—

La virtud está en ir más allá del deber y las obligaciones.

—

A veces lo imposible no es suficiente.

—

Si va a hacer cosas malas, hágalo bien.

—

Son pequeños detalles los que hacen grandes amigos.

—

Quien espera sentado a que llegue su momento se dará cuenta que ha de empezar a correr para alcanzar lo que quiere.

—

Nada es como debe ser. ¿Pero acaso las cosas tienen un modo establecido?

—

La mejor forma de ganar una pelea es evitándola.

—

Quiero ser quien soy cuando escribo.

—

No se debe hacer por los demás cosas que no haríamos por nosotros mismos y no les podemos pedir que hagan por nosotros, algo que no haríamos por ellos.

—

Miremos alrededor, cuán cerca están los enemigos y qué tan lejos los amigos.

—

Llegar a ser héroe o cobarde (al igual que quedar bien) es cuestión de 5 minutos.

—

Sólo quien se ha enfrentado a la adversidad conoce su fuerza interior.

—

Quisiera ser parte de tu vida, porque para mí tú eres mi vida.

—

Yo puedo ser en la paz el mejor de los ciudadanos, pero en la guerra el más feroz de los combatientes.

—

Las oportunidades son como la gente ocupada: no dan espera.

—

El sarcasmo es la manera folclórica de ver la tragedia.

—

Hacer todo lo que está a nuestro alcance es hacer posible lo imposible.

—

El amor, más que un estado de ánimo es un estado del alma.

—

No hay persona inconstante, lo que pasa es que va a su propio ritmo.

—

Lo único que podemos exigir es justicia y eso es todo a lo que tenemos derecho.

—

Comprometámonos con nuestros sueños pero seamos leales a la realidad.

—

Resulta irónico (¿O heroico?) que el crítico no examine su propia conducta.

—

Escribir es jugar con las palabras y enamorarse es jugar con sentimientos.

—

Somos para los demás lo que ellos son para nosotros.

—

La indiferencia es el peor de los castigos.

—

No debemos desfallecer ante una negativa; después de todo, un simple "No", no nos puede destruir.

—

Hay que intentar saltar hasta las estrellas, así no alcancemos ni siquiera a tocar su luz.

—

A lo único que le temo es a fallarle a aquellas personas que nunca me han fallado.

—

Lo cambiante de la realidad (y las personas) es más innegable que esta.

—

La indiferencia es un apoyo silencioso a favor de la injusticia.

—

Todo es cuestión de tiempo, pero tiempo es algo que no tenemos, porque no nos pertenece.

—

Hay personas que luchan muy poco cada día y por ello lo tienen que hacer el resto de sus vidas.

—

Andemos siempre, así no tengamos rumbo, con afán de llegar a algún lugar.

—
Podemos aprender sólo si estamos dispuestos a equivocarnos.

—
No hay nada peor que ser peatón en un día lluvioso.

—
Ser optimista es sacar lo mejor de cualquier situación; ser feliz es vivir ese momento a plenitud.

—
Tal vez la pregunta no es qué estoy dispuesto a hacer por los demás, sino qué están ellos dispuestos a hacer por mí.

—
Únicamente Dios da segundas oportunidades.

—
Hay que tener mucho valor para ser cobarde.

—
Verdades a medias son mentiras completas.

—
Porque nunca es tarde para comenzar a vivir. Al fin y al cabo el presente es lo que hacemos de él.

—
Existe una línea muy delgada entre la justicia y la venganza.

—
El que besa primero, besa dos veces.

—
En ocasiones, por tratar de ser tan diferentes terminamos siendo iguales.

—
Todo aquel que se sienta al lado de una piscina está propenso a que lo mojen.

—
No hay reto mayor que el de levantarse en la mañana.

—

Lo único bueno (y predecible) de las malas situaciones, es que llega el momento en que no pueden empeorar más (aunque todo es factible de empeorar).

—

La ayuda más valiosa es un buen consejo en el momento adecuado.

—

No sólo es perverso quien hace el mal; también lo es aquel que omite hacer el bien.

—

Lo único realmente difícil, es algo que nadie haya podido hacer o que nadie hubiera intentado hacer antes.

—

Sólo quien lucha ante la adversidad puede hacerse grande a sí mismo.

—

La Física -al igual que la Astrología- sólo intentan predecir lo que sucederá.

—

Hay que tratar de ser hoy lo que queremos ser mañana.

—

Nunca nos podrán culpar por tratar de ayudar (pero por momentos no estoy tan seguro).

—

Si una especie es mortal para otra y a la vez dependiente, terminará por ser mortal para sí misma. La simbiosis es la única manera de sobrevivir en el largo plazo.

—

Cualquier excusa es buena para pelear.

—

Sólo si aceptamos habernos equivocado, podemos darnos una nueva oportunidad.

—

La mejor respuesta es la más simple, la que todos entendemos.

—

El verdadero aprendizaje se da a través del diálogo.

—

Si lo único que esperas de alguien es algo a cambio, ofrécele un contrato, no una amistad, y mucho menos amor.

—

Las personas que lo tienen todo tienden a no darse cuenta de lo que poseen.

—

No hay que prestarle atención a los críticos, porque para ellos hasta Dios tiene defectos.

—

Todo, absolutamente todo se puede aprender, lo realmente difícil es recordarlo.

—

Lamentablemente siempre tendremos que cargar con nosotros mismos, pues al fin y al cabo es de lo único que no podemos huir.

—

El que realmente es grande en la victoria, también lo es en la derrota.

—

Quienes nunca emprenden nada se conforman con su destino.

—

La tranquilidad vuelve conformista al ser humano, sólo la adversidad lo edifica.

—

El único deber para con nuestra conciencia, es no olvidar a aquellas personas que nos han ayudado.

—

La felicidad son esos pequeños detalles y momentos que bien apreciados hacen más agradable la vida.

—

Nunca somos tan buenos o tan malos como la gente dice que somos.

—
La educación debe estar dirigida a acercar al individuo a la sociedad y no alejarlo.

—
Tan sólo espero que me juzguen más por mis acciones que por mis palabras.

—
No hay persona mala, sino mal influenciada.

—
Si no se está en la vanguardia es mejor hacerse a un lado.

—
Mi familia son aquellos que siempre han estado conmigo, apoyándome y ayudándome.

—
Los únicos que por principio pueden decir que el dinero no es lo importante, son los ricos.

—
La muerte no es algo trágico, más bien es algo muy práctico.

—
Es más una obligación moral que generosidad, el dar lo que nos sobra o lo que no necesitamos.

—
No hay que ahorrar esfuerzos en la búsqueda de nuestras metas y mucho menos de nuestra felicidad.

—
La genialidad tiene algo de locura y ésta, algo de genialidad.

—
Que fácil es hablar y cuán difícil escuchar.

—
Se ha demostrado que las cosas extraviadas siempre están donde se las dejó.

—

Lo raro no es que haya gente anormal, más bien que haya gente normal.

—

La muerte es un final para unos y un comienzo para otros.

—

Un libro es la mejor herencia y recuerdo que un mortal puede dejar en la tierra.

—

Es cuando fracasamos, que debemos poner todas nuestras energías para seguir luchando.

—

Contradecirse es crearse una auto polémica.

—

Algunos venden sus sueños por insignificantes momentos de pasividad, que absurdamente llaman felicidad.

—

Es conveniente reflexionar constantemente hacia dónde nos dirigimos, recordar donde se está y el camino recorrido.

—

El conformismo es más dañino que la misma adversidad.

—

Puede que abrir nuestro corazón a los demás nos lastime a menudo (por no decir siempre), pero es un riesgo que bien vale la pena asumir.

—

No hay que tomar la vida muy en serio, al fin y al cabo ésta lo único que hace es reírse de nosotros.

—

A la larga sólo podemos odiar lo que una vez amamos, porque lo amado nunca se olvida.

—

Hay que hacer de las pequeñeces cosas grandes para que nos importen y convertir las grandes en algo suficientemente pequeño, de modo que si las perdemos no nos duela tanto.

—

Somos nuestro propio Dios del egoísmo.

—

Definitivamente el único dolor que podemos soportar es el ajeno.

—

Siempre que estemos decepcionados miremos a nuestro alrededor y nos daremos cuenta que hay personas que lo están aún más y todavía tienen las ganas suficientes para sonreír.

—

Todo cambio es un reto y como tal, debemos aceptarlo y afrontarlo.

—

Sólo exijo a los demás aquello que puedo dar.

—

Nunca te rías o llores si de verdad no quieres hacerlo, porque los únicos que pueden fingirlo bien son los comediantes y los actores dramáticos.

—

Dios, no es que dude de tu existencia, es que por momentos dudo que estés de mi lado.

—

Es indispensable que vivamos como si lo hiciéramos por segunda vez, así nos evitaríamos tantos miedos y angustias infundadas.

—

Es preciso ser prudentes, pues a menudo los que más se interesan por nuestro proceder, son nuestros detractores.

—

Nada puede prepararnos para lo inesperado. La vida es inesperada.

—

La libertad es aceptar las consecuencias de nuestros actos y decisiones.

—

En la vida al igual que en el ciclismo, se debe pedalear muy duro en la cuesta para poder disfrutar a plenitud el descenso.

—
El carisma y la simpatía abren muchas puertas, pero son la confianza y la sinceridad las encargadas de mantenerlas abiertas.

—
De lo único que tengo afán es de hacer las cosas bien.

—
Cuanta menos gente tenga la información, más valiosa será para el que la posea.

—
Ante la adversidad hay dos caminos: crecer o morir.

—
En ocasiones hasta los milagros toman tiempo y trabajo.

—
No me importa que de mí digan todo lo que quieran, excepto que me han faltado aspiraciones y ganas de ser mejor.

—
A menudo las cosas salen mejor si uno no se lo propone.

—
Son los buenos los que a la larga siempre están obligados a perdonar y olvidar.

—
Siempre hay alguien que gana con la desgracia ajena.

—
El mejor lado es el de la verdad.

—
Todos los problemas radican en que cada individuo sigue ciegamente el que cree es el camino. Lo irónico es que la meta de todos es la misma.

—
La educación se debe dar no sólo como el deber del profesor por enseñar, sino también del alumno por aprender.

—
Somos el medio y la finalidad de nosotros mismos.

—

Hay gente que dice conocerse como la palma de su mano; mi pregunta es si alguno de ellos sería capaz tan sólo de pintarla de memoria.

—

Empezamos a envejecer cuando nuestros conocidos empiezan a morir cada vez con mayor frecuencia.

—

Cada segundo que sobreviene se hace más inevitable nuestro destino.

—

Se me olvidó que te olvidé, a mí que nada se me olvida.

—

Es el hecho de sentir lo que nos hace humanos.

—

La persona con carácter cae y se levanta; la persona sin éste, cae y se hunde.

—

La desgracia es la única lente por la cual podemos ver la verdadera personalidad de la gente.

—

No escogemos cómo nacemos y se nos niega saber cuando moriremos; tan sólo existimos y somos libres ahora.

—

Hay que tener cuidado de la venganza del fuerte, pero pánico a la del débil.

—

Lo único previsible en cualquier proyecto es que siempre habrá problemas e imprevistos.

—

Puede que no sepamos hacia dónde vamos, pero dar el primer paso es ya, la mitad del camino.

—

Es verdad que el tiempo lo cura todo; lástima que no dispongamos del suficiente para verlo.

—
El éxito de hoy, son las decisiones acertadas de ayer. El de mañana son las decisiones acertadas que tomamos hoy.

—
Saber retirarse a tiempo es una forma de ganar (o al menos de no perder).

—
Cuanto más se sabe acerca de las cosas, menos certeza se tiene de ellas.

—
Se engaña todo aquel que vive sólo con la intención de no molestar a nadie.

—
No me molesta tanto la descortesía como la falta de carácter.

—
No se puede pretender dejarlo todo, para luego volver y esperar encontrar más de lo abandonado.

—
Contra la verdad y la razón nadie puede.

—
Sólo si aprendemos de nuestros errores, estos no habrán ocurrido en vano.

—
Espero que la muerte me tome por sorpresa, para que no me dé tiempo de arrepentimientos.

—
Es normal que quien aprende a caminar tropiece.

—
Para hacer las cosas mal no es necesario ni siquiera tener las ganas.

—
Se es una buena persona, no porque lo diga la gente, sino porque nuestras acciones lo demuestren.

—
Seguir a alguien no es complicado, lo difícil es ir de primero.

—
Debemos resolver los problemas, no simplemente aprender a convivir con ellos.

—
Nadie aprecia lo que con su propio esfuerzo no se ha ganado.

—
Usualmente el *modus operandi*, del cual el colombiano se siente orgulloso, consiste en el atajo, la trampa, el "chanchullo" y el cambalache.

—
Si alguien sabe exactamente a dónde va, lo más probable es que sólo sea capaz de llegar hasta allí.

—
El trancón está en la mente de los lentos, quienes se encargan de trasladarlo a la realidad.

—
Lo único claro en nuestros objetivos y metas, debe ser esperar encontrar más de lo que buscamos.

—
No debemos temer ni molestarnos por los cambios de rumbo, pues en ellos están las oportunidades y, por consiguiente, el éxito.

1993-1996

IV. 

Un universo infinito en posibilidades, caminos y rumbos. Cada sendero se aleja del anterior con innumerables bifurcaciones. La vida, al menos en parte, es la suma de nuestras decisiones.

—

Hay que recordar que absolutamente todo se hace una sola vez en la vida; no existe la posibilidad de repetir el mismo momento.

—

El impuntual espera menos.

—

Cada cual merece sólo lo que se ha ganado; y eso es lo justo.

—

Es nuestra actitud la que agrava o atenúa los problemas.

—

Lo único que un ser humano se lleva a su tumba, son sus recuerdos y nostalgias.

—
La verdadera fuerza no viene de la furia sino de la tranquilidad.

—
La salud, al igual que todo el resto de cosas en este mundo, no nos pertenece; a lo sumo, las cuidamos.

—
El cambio ocurre así no se participe de él.

—
Quien no comprende inmediatamente, es posible que no lo haga porque reconoce las complejidades de fondo; y no por ello es menos inteligente.

—
La revolución en Colombia es ilegítima, en cuanto se basa en el egoísmo individual y no en un concepto de convivencia en comunidad a largo plazo.

—
Para entender y aprender hay que descubrirlo por nosotros mismos. Por eso el camino hacia el aprendizaje no tiene atajos.

—
Debemos dedicarnos más a comprender que a memorizar.

—
En un lugar donde nadie hace nada, el que medio hace, ya es el primero.

—
El progreso y el desarrollo deben significar estar contento.

—
Para lograr una sociedad justa se deben crear incentivos, en donde la honestidad y el hacer mejor las cosas, maximice la utilidad individual y colectiva.

—
Lo importante no es saberlo todo, sino saber rodearse de personas que sepan más.

—
No hay nada malo en hacerse rico a costa de los demás, lo importante es que sea dentro del marco legal.

—
La felicidad es saber disfrutar el camino, que es siempre más interesante y esencial que la meta.

—
En esta vida nadie se puede dar el lujo de recorrer caminos que no sirven.

—
No es más inteligente el que más cosas sabe, sino el que sabe las que más importan.

—
Lo que odiamos de los demás es el reflejo de nuestros propios defectos.

—
Siempre es más dichoso el que más ama.

—
Una ciudad en la que no se puede caminar, no es una ciudad para vivir.

—
Algunos consejos y acciones son como los cantos celestiales: muy bonitos, pero no sirven para nada.

—
Si de verdad supiéramos lo que realmente queremos, no desperdiciaríamos tanto tiempo como usualmente lo hacemos.

—
Ser libre es tener la autonomía de deberse solamente así mismo.

—
No hay diferencia alguna entre la brujería, la magia y el mercadeo.

—
La historia de la humanidad es el recuento de su violencia.

—
La finalidad primordial de la arquitectura más allá de lo estrictamente estético, debe ser la de proveer y procurar protección contra el sol y la lluvia al transeúnte.

—

Escribo para olvidar.

—

Debiéramos buscar una sociedad más pacífica, si no por razones de equidad y justicia, al menos porque una comunidad así nos es más barata a todos (y sostenible en el largo plazo).

—

Estudiar sin interés es falta de ética.

—

La ley y la justicia se basan en el ejercicio de las mismas. El problema está en el desconocimiento de nuestras posibilidades.

—

La tragedia de los comunes (*tragedy of the commons*) se da porque la sociedad premia a los irresponsables.

—

Usualmente las instituciones académicas inhiben el estudio y el desarrollo intelectual.

—

Hay que conocer las leyes, de lo contrario algunos pocos (en su mayoría abogados) se adueñan de ellas, y luego se les debe pagar para que las interpreten.

—

Si todo en la vida tuviera instrucciones, probablemente lograríamos nuestros objetivos, pero el tedio sería máximo.

—

El aprendizaje debe ser una disciplina diaria.

—

Amistad sin amor es factible, pero no es lo ideal; amor sin amistad es un imposible.

—

La distancia no es el fin; tan solo una prueba para los que se quieren encontrar nuevamente, un hasta pronto para quienes se quieren y un fuelle que aviva la llama para quienes se aman realmente.

—
El ser humano es capaz de cualquier bestialidad que se le ocurra.

—
Para el colombiano todo es posible.

—
El tesoro que anhelamos, perseguimos y buscamos siempre está más cerca de lo que creemos.

—
Todo sueño es una posibilidad futura.

—
La verdad es una cuestión puramente narrativa.

—
La verdadera belleza es rara y escasa.

—
La belleza que nos venden el cine y la TV es un espejismo, no existe en la realidad: es maquillada y ficticia.

—
Hay gente que ni siquiera es consciente que estorba.

—
La vida es corta, la salud escasa y el final; inevitable.

—
Que la vida sea injusta no significa que los seres humanos tengan que seguir ese ejemplo.

—
Uno no debe adaptarse al cambio, sino crearlo.

—
El fin siempre es trágicamente el mismo, por lo que únicamente el camino marca la diferencia y la posibilidad para ser libres.

—
La dirección no requiere más información sobre lo que está sucediendo adentro; la necesita más sobre lo que sucede afuera.

—

La tecnología salva vidas, pero únicamente la fe, el alma.

—

Cada cual entiende a su modo y rara vez lo mismo; tanto en el estudio como en el trabajo y la vida.

—

La realidad desborda la mejor de las teorías.

—

El mundo (y la esperanza) es tan grande como nuestra mente, sueños y corazón.

—

La vida consiste no tanto en evitar los riesgos y peligros, sino en saber como administrarlos.

—

Una mujer linda es una promesa que se hace y rompe a cada segundo.

—

Ruego por tener la sabiduría para decidir lo correcto y el carácter para hacer realidad la decisión.

—

El único rincón donde hay respuestas exactas, correctas y tal vez únicas es el de las matemáticas.

—

Muchas veces la sociedad (y las organizaciones) premia y hace prosperar más a los quejosos que a los valientes.

1996-2002

V. Primeras Conclusiones & Todo lo Contrario

Poner en duda aquello que se da por cierto y tener certeza de aquello que se ha puesto en duda. Y aunque la vida se hace en borrador y no es posible re-escribirla, nunca es tarde para remediar el camino.

—

Las preguntas más importantes son las más obvias.

—

El problema de la niñez moderna radica en que se juega a tener y no a ser.

—

Los educadores deberían saber que lo importante son las actitudes y no necesariamente los conocimientos.

—

Sin espacios de opinión, estamos desperdiciando lo irrepetible y único de cada ser humano.

—

El éxito debe consistir en tener actitudes y comportamientos adecuados, para pensar en logros y resultados sostenibles a largo plazo.

—

El colombiano es una mezcla de genialidad, con un enorme orgullo de improvisador.

—

La inmortalidad no tiene sentido en cuanto son los otros la razón de nuestra existencia.

—
El diablo es el único que por principio no puede ser ateo.

—
La suma de soledades no es compañía, pero ayuda a sobrellevar la carga del destierro auto impuesto.

—
El pasado no existe, sólo somos presente.

—
Las opiniones son juicios que deben ponerse a prueba diariamente.

—
Admiro a quienes son capaces de expresar con palabras aquello que yo sólo puedo sentir en mi corazón e imaginar en mi mente.

—
Nuestro país desborda realidades porque todo puede ocurrirle a cualquiera, en cualquier momento.

—
Toda pregunta tiene la subjetividad e interés personal inherente a quien pregunta.

—
Es el modelo el que hace al ajuar, rara vez viceversa.

—
La seguridad no debe ser inconveniente para la comodidad.

—
Ver todo problema como un reto y no sólo como una dificultad, otorga mayor claridad y disminuye la ansiedad de resolverlo.

—
El mundo es muy amplio y no termina donde lo hacen nuestras narices.

—
Todo ahorro en salud y educación se paga con caros intereses en el largo plazo.

—
Los que mejor viven del pasado son los escritores.

—

Cuando se tienen claras las responsabilidades, se puede disponer de tiempo para descansar y sonreír un poco.

—

El objetivo de la vida es encontrar su objetivo.

—

Si todo es relativo... ¿por qué tengo contradicciones?

—

En esta época la seguridad más falsa, es un empleo.

—

Usualmente la audacia es la única diferencia entre dos personas igualmente talentosas.

—

Es paradójico que al tratar de ir aprisa para vivir y hacer más, reducimos el lapso de nuestra existencia.

—

La vida es muy equitativa con todos: no espera a ninguno.

—

Las oportunidades existen siempre y cuando seamos flexibles y estemos dispuestos a cambiar.

—

Creer en lo que imaginamos es lo que nos ayuda a forjar nuevas realidades.

—

Los ecologistas son interesados por naturaleza.

—

El problema de la efectividad interpersonal está en la incapacidad de reconocerse positivamente en el otro.

—

Fallamos porque no tenemos conciencia de cuáles pueden ser los riesgos y consecuencias de nuestras acciones y omisiones a largo plazo.

—
Sentarse a escuchar lo que ya se sabe, va en detrimento de la capacidad de análisis.

—
Somos libres cuando entendemos de forma racional las limitaciones que nos rodean.

—
Por definición el más estudioso debe ser siempre el profesor.

—
No hay nadie más ignorante e irresponsable que un mal periodista.

—
Lo que no tenemos asegurado no es nuestro, es de los demás que aún no han venido a reclamarlo.

—
El sentimiento de culpa domina al mundo.

—
En la crisis todos saben dar el consejo perfecto pero no cuentan con uno para entender el problema de fondo.

—
El escritor es un exhibicionista intelectual.

—
Es que por momentos todo me parece, pero de pronto estoy equivocado.

—
La violencia está directamente correlacionada con la estupidez.

—
Es mejor hacer una auto crisis para encontrar el sentido - no esperar la adversidad para empezar a hacer las preguntas importantes: ¿por qué y para qué está aquí?

—
El verdadero entendimiento de la libertad está en conocer las alternativas, sopesar hasta dónde podemos llegar y qué podemos ser; que de nosotros dependa.

—
El entorno es el mejor o peor educador existente.

—
Estratégico es aquello que nos acerca a nuestro principal cliente (aquel en cuyas manos está nuestro destino).

—
Es triste llegar a nuestro nivel de incompetencia, pero más triste es no aceptarlo.

—
Empezamos a envejecer tan pronto nacemos.

—
Difícilmente somos capaces de captar en el otro un valor que no poseemos.

—
El miedo a la muerte radica en que el concepto de no existir, aturde nuestra razón.

—
Tenemos lo que construimos.

—
Todo, de alguna manera, está relacionado.

—
Lo que nos motiva a cambiar son las reales necesidades, no los deseos.

—
La felicidad se construye día a día, no es prorrogable y mucho menos genérica.

—
En estrategia, es indispensable tener la sensibilidad para la oportunidad.

—
La innovación constante es la única forma de mantenerse competitivo, porque ninguna ventaja es sostenible en el largo plazo.

—
Únicamente podemos transformar aquello de lo que somos conscientes, tanto del mundo, como de nosotros mismos.

—
Nadie se hace líder sometiendo a los demás.

—
El chisme es exponencialmente proporcional a la ociosidad.

—
El dinero únicamente nos es útil y valioso cuando lo gastamos.

—
El trabajador es como su jefe.

—
Ante el médico uno solamente puede ser paciente.

—
La conciencia es una subversión interna.

—
Todos se consideran expertos para hablar de fútbol, política y recursos humanos.

—
La tranquilidad y la felicidad no tienen precio. Pero si usted puede, páguelo.

—
La principal causa de mortalidad en Colombia no es la violencia sino la estupidez. Y la de los bogotanos; la estupidez atrevida.

—
Lo útil de la experiencia es que nos brinda la posibilidad de ver todo en su verdadera dimensión, perspectiva y contexto.

—
En las ausencias esperamos en vano que al volver encontraremos cambios, sin entender que somos nosotros quienes nos transformamos mucho más que quienes se quedan.

—

El mercadeo es el arte de despojar poco a poco a la gente, sin que ésta se dé cuenta.

—

Aquello que desconocemos de los demás es lo que realmente conforma su esencia.

—

La vida y las relaciones se construyen día a día, todos los días, durante todo el día. (mañana, tarde y noche).

—

Fracasa aquel que no intenta tomar las riendas de su destino.

—

Lo bueno del dolor es que nos recuerda que estamos vivos.

—

La prioridad debe ser realizar las actividades que agregan valor desde un principio, para así, crear más.

—

Cuando se es estudiante, el mérito radica en hacer las cosas uno mismo. En todos los otros ámbitos, este radica en copiar y hacerlas en conjunto con los otros.

—

Es útil analizar qué de nuestras vivencias, verdaderamente corresponde a incrementar nuestro aprendizaje y qué, a la sumatoria de nuestros miedos.

—

El lío con los problemas no es que existan, sino la incapacidad de identificarlos claramente y resolverlos; o mejor aún, disolverlos.

—

Nuestras debilidades no son tanto nuestras carencias como nuestros excesos.

—

Me asombra que me sorprenda la natural y habitual mezquindad humana.

—

Un gran cambio requiere divisar una meta y seguir consistentemente hacia esa dirección.

—
Pretender maximizar todos los elementos crea conflictos entre éstos y por ende, el sistema deja de ser óptimo; conviene que algunas partes anden mediocremente en lugar de a toda marcha.

—
La ausencia acrecienta el amor.

—
No es tan malo no ver una oportunidad, como verla y no hacer nada.

—
La incapacidad del Estado para asegurar el orden y la disciplina, promueve y genera violencia a todo nivel entre los conciudadanos.

—
Lamentablemente, la inteligencia es inversamente proporcional a la felicidad.

—
En el largo plazo, el egoísmo genera nuestra propia debacle.

—
La felicidad es una cuestión de decisión personal.

—
Parte fundamental del cambio es entender y ser conscientes de lo que se debe dejar atrás y la disciplina para hacerlo.

—
Lo positivo de la limitación de recursos es la claridad y la capacidad de priorizar para dedicarse a eso que es la razón de ser.

—
La soledad es la imposibilidad de la esperanza.

—
La madurez significa entender a cabalidad las consecuencias de nuestras acciones, lo que en últimas se traduce en ser conscientes de nuestra mortalidad.

—
Somos nosotros, los que le damos el valor que creemos cada persona y cosa se merece, y no viceversa.

—
Cualquier momento es adecuado para re-negociar.

—
Lo que más importa entre dos partes es la relación, no el contrato; el contrato no lo dice todo.

—
La prudencia nos hace retroceder menos.

—
La comunicación no es una cuestión de medio sino de necesidad (querer).

—
El funcionario público rechaza aquello que no entiende.

—
Siempre se tiene buena memoria para lo que se quiere recordar.

—
Que la humanidad haya sobrevivido, se debe a la inmensa capacidad de las mujeres de sobreponerse al dolor, renacer de las cenizas, tener una esperanza y fe a toda prueba (inclusive a prueba de hombres).

—
El comprender es un proceso que exige que las ideas y sentimientos se decanten, y no por ello la pasividad requerida es inactividad, al contrario, es necesaria.

—
Y a pesar de todo, esta mañana también salió el Sol.

—
En especial, queremos y creemos necesitar, aquello fuera de nuestro alcance.

—
Animo, buen sentido del humor y algo de ironía; que la vida es breve y casi siempre se ensaña con los que son muy profundos e inconsolables.

—
El tiempo es un tirano cuando se tiene claro lo que se busca y quiere.

—

Hay que creer en nuestros sentimientos, estos siempre dicen la verdad.

—

La capacidad humana es infinita, lo necesario para materializarla es la determinación.

—

Existen problemas que no se resuelven con más recursos; lo que se requiere es voluntad genuina y decisión.

—

Observando y re-conociendo constantemente tomamos control de nuestro entorno.

—

La vida se compone de las decisiones que tomamos y especialmente, de las que no.

—

En cualquier reto lo importante es entender la inmensa diferencia entre la posibilidad y la impotencia.

—

La estrategia es la herramienta que permite intervenir en el futuro para amoldarlo a nuestras necesidades y aspiraciones.

—

El valor se genera al encontrar y tomar decisiones sostenibles a largo plazo.

—

La información es útil en cuanto sirve para tomar decisiones.

—

Ante una propuesta de valor se hace menos probable el encontrar opositores.

—

La cuestión no es preservar valor sino acrecentarlo.

—

Una empresa vale mientras sus empleados trabajan. El mayor miedo de los accionistas debe ser el que sus trabajadores no regresen al día siguiente.

—
El aprendizaje existe en la medida que se da la confrontación de ideas y paradigmas.

—
Las organizaciones de hoy deben ser capaces de sobrevivir en un entorno para el cual no fueron creadas.

—
Lo que nos impide aprender es la certidumbre del conocimiento previo.

—
En un principio, toda evolución es percibida como un retroceso y perdida de eficiencia bajo la óptica inicial.

—
La empresa y la tarea deben ser atractivas para el trabajador, de lo contrario éste no entregará su completo potencial.

—
El cambio es aquello que hacemos para seguir siendo, lo que permite tomar conciencia para mostrarnos tal y como somos.

—
La organización no necesita gente que solucione problemas, sino personas capaces de visualizar los problemas estructurales ocultos.

—
El cambio no es un medio para recuperar el orden perdido, es necesario para generar caos creador: inestabilidad, molestia, complejidad y diversidad.

—
El fin último de un proceso de transformación es hacernos más ágiles y flexibles para la evolución: búsqueda constante de incertidumbre.

—
El mejoramiento continuo es engañoso si lo que perfecciona es obsoleto.

—
La resistencia al cambio delata las falencias del sistema.

—

Las únicas diferencias que interesan e importan, son aquellas que logran transformar el mundo.

—

La vida (y especialmente vivir) es inaplazable.

2002-2005

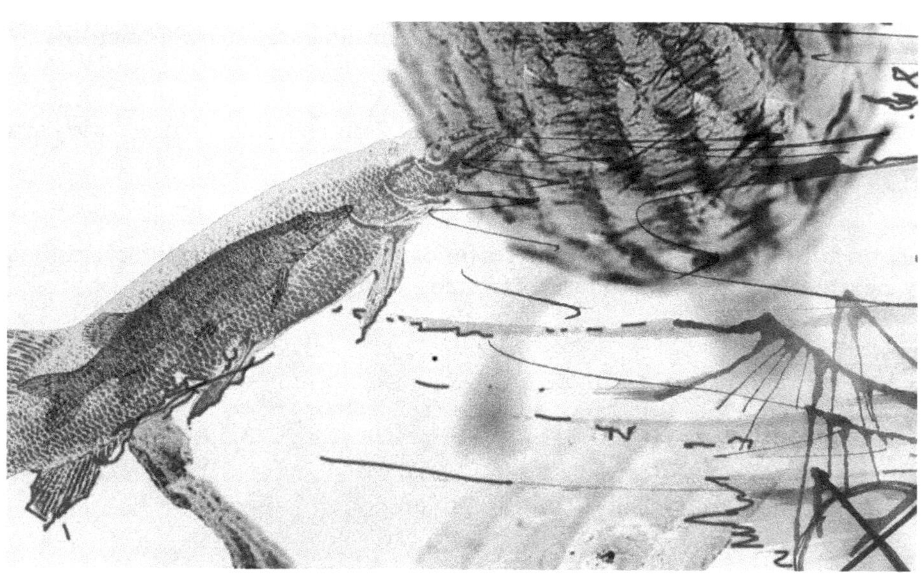

VI. *Otros Lugares*

The world and life are much bigger than the obvious and apparent beyond our eyes.

—

Things never, ever go as they were planned. And if they do, something is certainly going wrong.

—

No matter how hard you search for something, you will always find it where you least expected.

—

Everything is wonderful if you take a step back and look at it from a distance: chaos is always present at a microscopic level - order is always there at a macroscopic glance.

—

Take chances, you may get lucky.

—

Things do not always get bad, they sometimes get worse; things do not always go well, they sometimes get better.

—

Everyday we are given a new chance and it could be your last, don't waste it.

—

A whiskey a day keeps the doctor away.

—

A good-bye: a second in time, but a lifetime in the heart.

—

We must not hesitate to do whatever we have to do, and that we must do.

—

Because we are so different is that we have so much in common.

—

Only those who search for eternity will understand the simple meaning of life.

—

Whatever you are, be yourself.

—

I am so proud that I envy myself.

—

There is so much we don't know and the things we know we don't understand.

—

All it takes is for you to look at me and I will be happy.

—

Things don't change, people do.

—

If you want to compete, better be tough or else you could get hurt.

—

Never expect too much from anyone, not even their justice.

—

Nobody can force you to do anything; in every case, you can still say yes or no, but then you must face the consequences of your decision.

—

Things just don't happen; you've got to make them happen.

—

Don't regret what you did, because no matter what, it's already done.

—

Everybody has a story to tell.

—

Life is what we make of it.

—

You can judge the quality of life in a city by the quality of its public transportation and the width of its sidewalks.

—

Stability doesn't really exist: it is just a mere illusion.

—

If you have a competitive advantage, use it right away. It is not going to last forever.

1986-2002

Cuentos

El Paisaje

"La perfección se logra, no cuando no hay nada más que agregar, sino cuando no hay nada más que recibir."
S.R.D.

En el salón de clases, un lugar amplio y blanco con esculturas y pinturas colgadas hasta el techo, hay en las paredes repisas donde se cuelgan los numerosos cuadros que hacen los alumnos. En el centro y a lo largo del salón se encuentran varias mesas que unidas forman una, donde Andrés está pintando uno de sus mejores cuadros mientras se repite a sí mismo "El lugar es perfecto para pintar este paisaje". Luego de salir de un pequeño cuarto que está situado frente al salón, el profesor da las instrucciones para que Andrés siga pintando su paisaje. El cuadro representa una hermosa llanura verde con montañas al final y animales diversos pastando en la llanura. Hay pocas nubes, el sol brilla intensamente y parece ser una hermosa tarde de verano. Tras terminar de darle un tono pastel grisáceo a las pocas nubes, Andrés sigue laborioso en el silencio del salón cuando de pronto se pierde en el paisaje, dándose cuenta que está debajo de ese intenso sol de verano y no se puede mover, está completamente paralizado. Ve a los animales pastando, inmóviles también. Mira el hermoso río que atraviesa por mitad la llanura, pero el río está quieto; es como si se hubiera detenido por completo el tiempo. Se da cuenta que tiene que entregar su pintura, trata de salir, de regresar a su cuerpo pero no puede, queda como otra figura inmóvil en el bello paisaje. El profesor recoge la pintura y como Andrés puede gritar, grita...

Nadie lo oye.

1989

Una Fotografía del Centro

En ese tiempo era fotógrafo de un periódico que no era leído ni siquiera por su director. Aquel día tenía que tomar fotos del centro de la ciudad para una edición especial de dos páginas, es decir, el doble de una edición normal.

Eran como las tres de la tarde, un viernes tal vez... Sí, me acuerdo, tuve algunos inconvenientes ese día. Al bajarme del bus en la calle 19 con 3ª caminé hasta llegar a la carrera 7ª buscando algo que fotografiar, algo típico. Me encontré con un vendedor con un maletín negro imitación de cuero y lleno de casetes de dudosa procedencia; tenía todos los de moda y yo andaba buscando un par de títulos; me ofreció buen precio por llevarlos, así que decidí comprarlos. En el instante de estar concretando la transacción y recibiendo mis artículos, llegaron dos policías de los que van en moto. Uno de ellos preguntó quién era el dueño de la mercancía y su origen; para mi sorpresa el vendedor afirmó sin reparo que el maletín y su contenido me pertenecían. Claro, los policías le creyeron, ya que el pirata musical aseveró que yo también traficaba con cámaras fotográficas.

Yo traté de explicar que era un fotógrafo (mientras tanto el filibustero real se escabullía con mi pago ante mi muda acción) que trabajaba para un periódico; un policía preguntó que para cuál, y cuando dije el nombre, éste creyó que le estaba tomando del pelo. Ya me iban a llevar a la estación y me vi forzado a entregar algún tipo de salvoconducto para sobrepasar el impase; saqué un billete de 2000 pesos. No me aceptaron este pasaporte así que saqué otro igual y ni cortos ni perezosos los agentes aceptaron el aguinaldo y se lo llevaron junto con el maletín y los casetes que acaba de adquirir. Ese esfuerzo significó quedarme sin dinero por un par de días.

Después de este incidente y con la impresión que había resuelto el trance con pericia y astucia, haciendo gala de los artificios de la malicia indígena de nuestro pueblo, seguí caminando por la carrera 7ª y entré al "Café Florida", donde decidí sentarme y descansar; allí también tomaría fotos. Me enteré, años más tarde, que el truco en el cual lo confundían a uno con el mercader subterráneo estaba ya planeado. Lo leí en un diario importante de la ciudad; se trataba de una banda que estafaba, con palabras textuales: "a los lerdos que lo permitían".

Pedí una taza con chocolate y miraba a la gente a mi alrededor mientras lo tomaba. Se me acercó un lotero que sin mediar palabra y a quemarropa me untó un baboseado billete de lotería por la cara; me imagino que ese billete lo habría manoseado todo el mundo, ya que el lotero no perdía ocasión de restregárselo a cuanto incauto veía dentro del café. Tuve que comprarle el billete para que me dejara en paz. Ya un poco más tranquilo y revisando cada una de las caras y expresiones a mi alrededor con mi caprichosa costumbre de tratar inútilmente de descifrar los pensamientos, (pasado, presente, futuro, obra y milagros de los demás), vi algo que se movía a lo lejos: un cuerpo amorfo que se arrastraba por el mugriento piso, y que se acercaba velozmente. Se trataba de un embolador de zapatos de charol y yo era su presa. Tuve que darle doscientos pesos por una lustrada presurosa y de mala gana.

Acto seguido, me explicó que era miembro de la primera asociación de emboladores y debía dar parte de sus ingresos a esta noble causa. Por supuesto, el tipo era tan organizado que me dio un recibo y me cobró cien más por él.

Salí del Café Florida convencido que mi destino habría de cambiar si ganaba la lotería; revisé el billete recién comprado para memorizar el número vencedor y observé que la fecha del sorteo impresa en éste era del día anterior. Ni siquiera pensé en regresar a reclamar y anduve sin pensar por la 7ª hacia el norte por algún tiempo. Luego de unos minutos llegué a una plaza donde se encuentran de esos fotógrafos con pesadas cámaras de madera de la época del tranvía; me gustó el contraste entre lo moderno de la ciudad con la antigua apariencia de éstas. Registré con mi cámara la escena y mientras lo hacía, enfoqué a un anciano, vestido con bata de médico y anteojos de marco rectangular para la presbicia. Empezó a vociferar con una oratoria cautivadora y atrajo una multitud de transeúntes y desocupados; entre ellos, estaba yo.

Dijo que venía desde las arenas de la Guajira y su motete era el gentilicio de esa región. Dijo que no debían confundirlo con cualquier indio amazónico o chamán del común, y junto con una gran serpiente, ofrecía filtros milagrosos para detener la caída del pelo, pócimas para mejorar la vista, bálsamos para curar el mal de amores, brebajes para encrespar la pestaña, infusiones para olvidar a la amante infiel, potingues para corregir el asma, las infecciones y toda clase de bebedizos para lograr la dicha y evitar las fatalidades. Algunos de los presentes compraron sus menjurjes y recetarios; yo obtuve a bajo costo un manual sobre los fundamentos de la alquimia.

Cuando empezó a oscurecer, ya había tomado suficientes fotos y decidí regresar. Traté de coger una buseta, un bus o un taxi. Digo "traté" porque no pude; los taxis iban para la casa del conductor, los buses llenos y las busetas peor. Entonces determiné subir por toda la 19; los andenes y especialmente las calles, estaban atestadas con apresurados trabajadores y oficinistas serpenteando entre los atiborrados vehículos de servicio público, todos buscando escapar del caos del centro. Después de una hora y media encontré una buseta con puestos disponibles. Me senté en la parte trasera, en donde ya se encontraban unos estudiantes de colegio acompañados por su profesor de literatura y no cesaron de hablar durante todo el recorrido acerca de lo que habían visto en el centro de la ciudad.

Luego que me acomodé en mi puesto, la buseta se detuvo de nuevo y subieron más personas. Entre ellas ingresó un tipo que según su propia versión le habían dado un balazo en un ojo y por ello utilizaba un parche de pirata. Empezó diciendo que prefería robar antes que... hubo risas, pidió disculpas y reinició su curtida arenga diciendo que prefería pedir limosna antes que robar. Luego de terminar de contar con lujo de detalles su dramática crónica, algunos pasajeros le dieron dinero; para esos momentos yo ya no contaba con capital alguno o de lo contrario seguro hubiera ayudado a su sincera causa. Tan pronto el singular personaje terminó de recoger y computar sus ganancias descendió de la buseta, se levantó el parche, sacó un tarro de pegante Bóxer y lo aspiró, siguiendo su camino al punto inicial en la Calle 19.

Al llegar a mi casa revelé las fotografías, pero como inexperto fotógrafo que era, velé los rollos de película. Ahora tendría que ir de nuevo al centro.

Tengo que confesar que me volvieron a estafar con el truco de los casetes. Recorrí algunos de los lugares antes mencionados, y finalmente obtuve unas fotos decorosas para el periódico.

1989

En Busca de una Idea Olvidada

Cuando los supervivientes del planeta Glencoe arribaron al nuevo sistema solar, redujeron la velocidad de la nave para estudiar su composición con detenimiento. Este estaba conformado por nueve planetas, de los cuales solamente el tercero era habitable. La estrella del sistema era joven para el tiempo universal, lo cual auguraba millones de años de estabilidad para sustentar la vida.

Los supervivientes en camino al tercer planeta, recordaban cómo su hogar había sido destruido por una estúpida guerra; la tecnología había acabado con lo que hubiera llegado a ser una próspera civilización.

El grupo estaba conformado por más de un millar y aterrizaron en su imponente nave al planeta elegido; cuando ésta se posó sobre la superficie examinaron que el ambiente fuera el adecuado. El entorno resultó favorable y todos descendieron para tener una impresión de primera mano de lo que pareciera podría ser su nuevo refugio. Luego de varias revisiones adicionales, concluyeron que no habitaban formas de vida conscientes de su existencia. Las variedades más desarrolladas pertenecían a especies de reptiles y mamíferos inferiores, de alguna forma parecidos a los de su planeta natal.

El comandante de la expedición congregó al grupo y les comunicó que su búsqueda había concluido. Allí podrían vivir adecuadamente y lo más importante: en paz. Todos los supervivientes recordaron en ese momento la apocalíptica destrucción de su planeta originario debido al perverso uso de la tecnología, así que prometieron una alianza en la cual olvidarían éste doloroso suceso junto con todos los conocimientos que poseían, para así vivir como se creía habían vivido sus antecesores, aunque nunca se habían encontrado los restos de la aparición de vida inteligente en Glencoe.

Desmantelaron la nave y enterraron todo lo que tuviera que ver con su horrendo pasado; cambiaron sus ropas por pieles de animales y comprendieron que sin la tecnología no podrían causarse un daño irreversible como ya les había sucedido.

Algunos millones de años después, los supervivientes de un planeta llamado Tierra, el tercero de un sistema solar de nueve, partían en una nave espacial con rumbo desconocido intentando encontrar un nuevo hogar donde pudieran vivir en paz, olvidando la estúpida tecnología que había extinguido su mundo...

1989

Fuga al Paraíso

Basado en el "Cristo Muerto"
De Andréa Mantenga

"Cuando el infierno son los otros,
el paraíso no es uno mismo."
Mario Benedetti

Entré en el bar con el propósito de encontrarme con el contacto que me habían referido unos días atrás. Me dirigí a una camarera y le dije la contraseña en voz baja y al oído. Ésta atravesó unas cortinas en el fondo del establecimiento y regresó al cabo de varios minutos, se acercó y me informó que podía seguir. Me llevó a una oficina en la que encontré un hombre joven con una boina francesa.

Su nombre era Pierre Von Phral, francés de nacimiento y padres alemanes. Su familia, que tenía títulos nobiliarios, había sido desterrada desde la llegada del gobierno Nazi al poder. Conversamos durante varios minutos y me contó que estaba falsificando documentos para salir de Berlín desde hacía unos meses; me describió cómo todas sus tácticas para sacar gente de Alemania habían resultado, más de mil personas habían logrado escapar de la ciudad con vida. Me dijo cuál sería el nombre falso que utilizaría de ahí en adelante, debido a que hacía un par de meses algunos miembros de la policía secreta del Partido Nacional Socialista habían capturado a uno de sus principales colaboradores y lo habían hecho hablar acerca de las rutas de escape, nombres y lugares.

Según me confirmó, algunos secretos quedaron por descubrir gracias a que este colaborador tragó con gran desespero una pastilla de cianuro, hábilmente introducida por Pierre en el cuartel policial, para terminar con la agonía. Para estar seguros que los espías Nazis no me habrían seguido la pista, asumí el cambio de nombre y documentos de forma inmediata. Pierre me dijo que en un mes me sacaría de la ciudad; también añadió que no era fácil sacar alemanes judíos como yo, por lo que mi viaje costaría más de lo previsto inicialmente.
Al salir de su oficina noté algo extraño. Creí haber escuchado gritos pero con el ambiente ruidoso no pude precisar bien. Salí y me dirigí con sigilo a mi casa. Al llegar, encontré a un hombre muerto en la calle y varios militares pidiendo identificaciones a todo el que pasaba.

Hábilmente me escabullí por un callejón oscuro evitando así ser visto por ellos.

Luego de días de vida rigurosa y angustia permanente, la fecha decisiva llegó. Fui al bar en el cual había contactado a Pierre y allí me entregó una nueva documentación y un pase para salir de Alemania en calidad de ciudadano francés. Yo cumplí con mi parte del trato y le entregué todos mi ahorros. Fui presentado con un tal David Kislev, quien sería mi compañero de huida junto con Pierre, este último en calidad de guía. Este nos reunió en otra habitación contigua a su oficina y tras mostrarnos el mapa del recorrido nos invitó a tomarnos una copa de despedida para augurar un viaje sin inconvenientes a la libertad: al paraíso.

Debí haber dormido por muchas horas. Cuando desperté, estaba encerrado en una pequeña habitación recubierta de baldosines blancos manchados de color rosáceo. Escuché unos bramidos casi mudos que provenían de una diminuta rendija. Vi a través de ella y observé que David agonizaba: estaba en muy malas condiciones; tenía sangre que brotaba de su pecho, su cara y sus brazos. Casi no podía respirar.

Sentí un terror intenso e intenté aclarar mis pensamientos. Pierre había hecho un trato con la policía secreta para salvar su vida después que su amigo fuera capturado y él delatado: nos había traicionado. El lugar en que me encontraba, hacía parte de un inmenso subsuelo bajo el bar que no debí haber visitado nunca. Escuché pasos, la puerta de mi celda se abrió con un estruendo seco y fuerte; eran las mismas puertas del infierno. Las personas que según Pierre habían escapado de Berlín, estaban conmigo en este sombrío lugar llamado por la SS... ***Paraíso***.

1989

Parafráseas de la Noche

"Hemos amado demasiado a las estrellas, como para temerle a la noche."
D.A.A.

Sólo sé que no me llevarás esta noche. Sé que me escuchas pero también, que no atenderás mi llamado; te llamo porque estoy cansado; tú preguntas:

-¿Cansado de qué?
Yo respondo:
-Cansado, simplemente me encuentro cansado.
-Pero si lo tienes todo.
-No. No todo.
-Precisamente, si no lo tienes todo, lucha por tener algo.
-Estoy cansado, no tengo ganas de tenerlo todo ni de luchar por algo.
-¿Cansado de qué?
-Cansado, simplemente cansado.

Te esperé ayer y no viniste por mí, también anteayer y sucedió exactamente lo mismo; te he esperado toda mi vida y sigo esperando; te he buscado pero no te he encontrado; solo sé que no me llevarás esta noche y sé que mientras te espere, tú no vendrás a llevarme.

El otro día pregunté si vendrías pronto...
-Usted está en perfecto estado de salud, si va esperar, le recomiendo que lo haga sentado.
Sonrío burlándose de mis absurdas pretensiones, quise seguir su consejo.
Me preguntan si te esperaré esta noche.
-No sólo esta sino las que le siguen, tengo toda mi vida para esperar.
Preguntan cómo me siento;
-Cansado, simplemente cansado.
-¿Pero cansado de qué?
-Cansado de esperar.
-¿Esperar a quién? O ¿Por qué?
-Esperar que me lleves, me aprietes entre tus manos y me abraces. Que me lleves muy lejos; estoy cansado.
-¿Cansado de qué?
-Cansado de esperar, simplemente cansado de esperar.
-¿Y por qué esperas hasta la noche?
-Porque sé que no me llevarás esta noche.

Sé que no vendrás por mí, no me quieres llevar contigo, porque soy el único que te conoce, te espera, que está cansado de esta espera infinita; el único al que no le importan las consecuencias de su espera y de tu tardanza.

Me preguntan si me arrepiento de lo que hice.

'Solo me arrepiento de lo que no hice, de no haberte esperado antes; me arrepiento de haber creído en la vida en vez de en la muerte'.

Sé que no me escuchas, haces caso omiso a mis ruegos, que estás a mi lado pero no me capturas, solo sé que toda mi vida he esperado este momento y que no me llevarás esta noche.

Esperaré hasta mañana.

1991

Regreso

La Vida: Una barca en un océano
incierto. No todos somos marineros,
algunos tan sólo se creen pasajeros (o turistas),
pero al igual que el capitán,
a la deriva van.

Ya era tarde y estaba muy cansado. Me encontraba terminando un trabajo jartísimo para el colegio en la casa de una amiga. Su mamá me preguntó si me llevaba de vuelta a mi casa, pero yo le dije que no era necesario, que yo podía irme así no más, sin ningún problema. Ella, sin embargo, me sugirió que me fuera en taxi, pero yo no tenía plata y entonces ella me dijo que tranquilo, que me daba tres mil pesos. Le agradecí y me fui en buseta.

En la buseta (que por cierto, casi no encuentro una pues todas iban llenas) - me subí en una de esas de servicio "ejecutivo" que tienen un letrero bien claro y grande que dice "NO se aceptan pasajeros de pie"- pero aun así me tocó parado. Y la verdad qué mamera uno parado y todos los demás ahí sentados o parados junto a mí. Me puse a ver pasar los carros, los buses, las camionetas, los camiones, los buses ejecutivos, las flotas, tractomulas, las zorras, los carros de la basura, las bicicletas y finalmente las otras busetas, y todas iban más rápido que ésta; pero mientras veía hacia fuera pensaba un poco acerca de por qué había decidido irme en buseta si me habían dado la plata para un taxi. Pues obviamente por ahorrarme la plata, pero a lo mejor estaba mal; mejor se la devuelvo a Andrea para que se la dé a la mamá, pero qué va: ¿Para qué hacer eso? Qué tal si me vieron cogiendo buseta en vez de taxi, eso me haría quedar como... usted ya sabe cómo. Mejor me pongo a pensar en otra cosa, como por ejemplo en escribir algo, un cuento acerca de algo, algo sobre mí o sobre los demás, o sobre los demás y yo. Pero escribir algo bueno, para que digan, "Uy este tipo cómo escribe de bien, qué ideas tan buenas las que tiene". Pensaba y pensaba y no se me ocurría nada; ¿Un cuento? ¿Por qué no una novela? O tal vez un ensayo... la buseta frenó y me fui contra dos personas, qué pena, pero de malas, quién les manda a ir en buseta, a lo mejor a ellos también les dieron plata para taxi y por ahorrársela cogen buseta, eso les pasa por tacaños. ¿Cómo es la gente, no? Me dijeron que si era que no me podía parar bien, yo les dije que estaba pensando. - Vaya a pensar a otro lado hijo de...- lo mismo, ahí paró la cosa, porque ya todo el mundo nos estaba mirando mal.

Seguí pensando y la buseta seguía frenando y acelerando a cada rato para recoger al que se quiso subir y luego para dejar al que se quiso bajar diez metros después, y los de adelante que me miran mal como si me estuvieran diciendo que si los vuelvo a empujar me bajan; y el conductor ese, que sigue recogiendo más pasajeros -¡Que echen para atrás que allá hay más campo, que atrás está vacío el carro, que se corran!- Y la verdad que estaba que le decía que no molestara más, que no suba más gente porque ya no cabe ni una sombra, que la buseta ya está llena, pero es que a lo mejor me baja y ahí si me toca coger taxi. Pero ese tipo no hace sino subir más y más gente y nadie se baja, ni que todos fueran para mi casa, como si vivieran todos en mi barrio -Indios porquerías- pensé. La verdad no conocía a ninguno ni los quería conocer, no me importaba, solamente me importa lo mío, llegar rápido a mi casa... al igual que a ellos.

La buseta que coge una calle que está toda ondulada y llena de huecos y todos empezamos a saltar y a caer, parece una de esas montañas rusas. Y el chofer que nos mira por el espejo retrovisor como si fuera el mismo dueño del mundo y se ríe, acelera y mira y vuelve y se ríe y vuelve y acelera. Y la calle ondulada se vuelve interminable y yo que me doy en la cabeza contra el techo y todo el mundo me mira y yo los miro como diciéndoles ¡qué les importa, es mi problema!. Me provocaba decirle al chofer que fuera más despacio, que no lleva carga, ni ganado, ni nada por el estilo, y que si lleva ganado, lleva del fino. Pero nadie se queja, nadie dice nada y todos se miran unos a otros esperando que alguien diga algo, pero nadie dice nada. Todos conformes con la situación y hasta felices y tranquilos, de verdad parecen ganado y no del fino (acostumbrados que están).

Seguí pensando y nada que se me ocurría algo. Lo raro es que por mi mente pasaban millones de ideas pero pasaban tan rápido que no podía capturar ninguna de ellas. Pensé que si tuviera carro la pasaría mejor, eso si que sería chévere, podría salir más tarde de cualquier sitio y no me tendría que aguantar esto. Pero si tuviera carro nadie me daría plata para coger taxi y no podría irme en buseta. Lástima, pero creo que la pasaría mejor que ahora.

¡Cómo odio el transporte público de esta ciudad! siempre tan desorganizado y lento (como nuestras vidas). La buseta andaba y andaba y nada que llegaba cerca de mi casa, yo seguía ahí parado sin hacer nada, sólo pensaba, pero no se me ocurría nada. De pronto el conductor volvió a parar y recogió a una mujer bastante joven, como de universidad. Se me arregló el día pensé, o mejor dicho la noche. Ella fue corriéndose hacia la parte de atrás, hacia mí. Trataba de moverse bajo la mirada implacable de todos, como si dijeran que se quede quieta, no se mueva más, ya no se puede ni respirar con tanta gente que hay. Sin embargo, siguió avanzando hacia mí hasta que se paró justo al lado, mi cara quedó totalmente tapada por su pelo, éste olía bien pero tampoco era para tanto. La miré insistentemente pero ella no miraba, se debía estar creyendo quién sabe que. Luego de unos minutos giró la cabeza; yo la miré y ella me miró de arriba abajo y se rió. Luego empezó a caminar hacia delante y varias cuadras después se bajó.

Quedé desconcertado por esa risa burlona: tampoco es para tanto.

Intenté sacarme de la cabeza esa mirada pero me era imposible; al principio no podía tener una sola idea en la mente pero ahora no me la podía sacar de la cabeza. Bueno, en fin, que se le va a hacer no todo en esta vida sale bien, además de mala suerte, ella que se lo pierde (¡desgraciada!). De lo único que me da risa es que el conductor de la buseta le frenó como diez cuadras después que le pidió el favor que parara. Sonreí y me reí en mi mente, es más, busqué una ventana del lado de la puerta para reírmele en la cara; ella me vió y haciendo cara de malgeniada dio media vuelta y empezó a caminar en sentido contrario, tratando de recuperar en pocos pasos su orgullo de mujer bonita.

De todas maneras no hay que burlarse de las desgracias ajenas, pensé.

Pero de malas, quién le manda coger buseta, es su culpa y de todos los que están acá. Me sentí aliviado al burlarme de ella, la buseta frenó bruscamente y no me pude agarrar bien por estar pensando pendejadas por lo que me fui encima de unas personas. Éstas adivinaron mi intención e inmediatamente se hicieron a un lado: caí contra el piso y me di un golpe muy fuerte. Algunos empezaron a murmurar algunas palabras de baja índole, me sentí usted ya sabe cómo (nuevamente).

Me puse de pie al instante como si no hubiera pasado nada, pero lo que pasó, pasó; me estaba sacudiendo el barro de mi cara y de mi orgullo y la verdad que este último era tanto que no sabía qué cara poner ni a dónde mirar. ¿Por qué no cogí taxi? Esto no me hubiera pasado, o al menos un "Bus Ejecutivo", ahí si me hubiera tocado sentado; mejor dicho si al menos tuviera un carro, así podría pasar en una noche lluviosa y cuando viera a algún peatón cogiendo buseta o bus ejecutivo o buseta ejecutiva o bus normal o taxi, pasaría por entre un charco y los mojaría de pies a cabeza, para que comieran barro.

Bueno, pero para qué pensar más en eso, igual yo no conozco a ninguno de estos desgraciados e igualados. ¿Qué se estarán creyendo? Que no molesten porque es mi problema, a ellos no tiene porque interesarles, que no se metan en lo que no les importa...

De todas maneras prefiero sacudirme el barro de mi ego que coger taxi y no poderme ahorrar la plata. No vaya usted a pensar ahora que soy uno de esos sucios materialistas; la verdad es que lo soy hasta cierto grado, pero hay que verle el lado positivo, no sólo a eso sino a todo.

Puede que sea otro materialista. ¿Y qué? No es su problema tampoco; ¿O sí? Pues claro que no, así que no sea metido usted tampoco.

Luego de este incidente me empecé a aburrir, no pasaba mucho en la buseta. Lo único nuevo era que cada vez había más gente y el conductor nada que cerraba la puerta para indicar que no había más puestos.

Claro que ya no podía cerrar la puerta porque iba gente colgada de la puerta, iban de bandera. Eso si es peor que ir parado, porque además de ir parado le toca ir bien agarrado (aferrándose a la vida misma) y cada vez que la buseta da una curva o frena o acelera, si no se agarra bien... le toca coger taxi. De todas maneras el conductor como que piensa que lleva ganado porque nada que se da cuenta que ya no cabe más gente. Y la gente que se quiere bajar y los que están en la puerta, se tienen que bajar para dar paso y el conductor arranca y los que están en la puerta se pelean el puesto, a ver quién se sube primero y el conductor sigue avanzando y no espera, pero luego frena en seco para ver si cabe más gente y empieza a llover más fuerte y los que están en la puerta se empiezan a mojar y quieren hacerse más atrás y empiezan a empujar y con la lluvia y el calor que hace adentro el ambiente se vuelve insoportable, casi no se puede respirar, hay goteras en varios puntos del techo de la buseta y todos se corren y empujan tratado de evitarlas y que le caigan al de al lado y no a ellos y eche para atrás porque todavía cabe más gente en el carro, pero no se siente en ese puesto que ahí no se sienta nadie y no me gusta que se hagan cerca de mi colección de carros de “mashvos” (refiriéndose al puesto de al lado del conductor y a su invaluable colección de carritos a escala que lucen de vitrina en el paral que divide los vidrios panorámicos delanteros y que si fuera navidad tendrían lucecitas para la ocasión), que de malas y si no le gusta bájese, pero es que devuélvame la plata y me bajo, que como así, si usted ya se subió y ya pagó y si se quiere bajar allá usted, que no le devuelvo la plata y mas bien cállese que o si no paro el carro y nos quedamos quietos y sino le gusta aquí tengo una varilla y arreglamos (y va agarrando con una mano una cruceta que tiene a su lado y que no hace el menor esfuerzo por ocultar), pero fresco señor que no es para tanto (chofer desgraciado). Pero que va, los chóferes de buseta no son tan mala gente, que tengan sensibilidad de taxista es otra cosa, pero de resto ... la buseta frena y me voy otra vez contra un poco de personas, pero éstas ya están acostumbradas y ni les importa y ni me miran, ni me dicen nada. Trato de agarrarme bien a la barra que cuelga del techo y que ya está acalorada, pero entre tantas manos sudorosas y pegajosas no encuentro espacio, pero finalmente me alcanzo a agarrar y sigo pensando.

Admito que después de todo no ha sido tan malo este viaje, que no quiero que termine porque sé qué va a pasar a cada instante, sé qué es lo que sucede y a fin de cuentas conozco a los que me rodean, es como si siempre que me subiera a una buseta sintiera que estoy con las mismas personas, como si nada cambiara y ¡de todas maneras me sigo ahorrando la plata del taxi!

1992

El Bachiller

En un proceso educativo el único damnificado es el alumno.

Sueño con un futuro mejor, un día en el cual seré yo quien decida sobre mi vida. Miro a la distancia y observo un edificio de ladrillo; estoy viéndolo a través de la ventana de la clase y a través de ésta juzgo todo. El profesor habla y habla (el engañador a los engañados - pero él ya ha sido engañado) pero no dice absolutamente nada. Parlotea de filosofía, de un tal Kant y el problema de la razón pura. La verdad me importa muy poco criticar la razón y menos aún si ésta es pura. Mi futuro no se ve claro, es incierto.

Siento un vacío en mi corazón; sigo observando a través del vidrio, veo algunos pájaros y éstos vuelan alrededor de los árboles; a lo lejos una carretera y en ella muchos carros que van y otros muchos que vienen.

No creo que la metafísica me sea de gran ayuda en la vida, ni tampoco la razón lo hará; es como el pasto que crece (ver crecer el pasto), éste no necesita sino del sol, el agua y estar agarrado a un pedazo de tierra; al menos éste tiene algo a que aferrarse, al igual que las aves se aferran al cielo con todas sus energías para no caer, intentando vencer la inexorable ley de la realidad, no tanto de la gravedad. Ese sentimiento de culpa no me deja en paz ni lo hará hasta que no encuentre al verdadero y único culpable de mi desgracia y miseria. Si pudiese detener el tiempo podría arreglar mi situación, podría ser libre de mí mismo y... mejor sueño con otra cosa. El día está claro, hay algunas nubes y la luz penetra en la atmósfera, pero quizás mañana llueva. Reflexiono en algunos de mis desaciertos, pero mejor pienso en el presente y en el mañana, porque si sigo preocupado en el pasado no ganaré nada además de angustia, y la angustia no la pagan bien en este mundo (y tampoco en el otro). Sólo pagan lo que vale y lo que vale es el dinero, no los pensamientos equivocados de un alumno. Otra vez me tiré el examen.

1992

El Camino

En un camino se cruzan dos personas; pero para ellos se cruzan dos caminos, dos historias, dos metas distintas.

Se preguntan uno al otro hacia donde van, y se dan cuenta que su camino es el mismo, igual que su lucha. Tienen un gran anhelo, una estrella de cristal que despliega sus colores en el horizonte de la luna de sus sueños.

Retuercen sus pensamientos con gran violencia, mientras despejan las dudas de su existencia y comprenden la necesidad de seguir adelante por ese camino de hierro.

Uno le dice al otro:

-Sigamos adelante por la carrilera, que el tren se aproxima.

Y el vapor se comienza a sentir

1992

Confesiones

"Tener el carácter firme es tener una larga
y sólida experiencia de los desengaños y
desgracias de la vida."
Stendhal

"Maybe if I held my ground or stood up to authority
then our love would not be bound
We'd be free-
Is it wrong for us Oh to feel so much?"
Wilson Phillips

1.
Escribió estas líneas...

Y es que vamos más allá de todo tiempo y espacio; no porque seamos eternos sino porque así nos sentimos.

Y es que andamos demasiado lento o rápido, o así nos parece; lo que pasa es que ya no pertenecemos a la naturaleza y por ello es que marchamos a diferente velocidad.

Oigo la voz de un amigo que me dice: "Esto es una farsa, no se engañe." Percibo mi voz, mi pensamiento; escucho. No conozco a nadie, no la conozco a ella y, sin embargo, quiero decirle todo lo que siento, decirle todo, pero ¿Decirle qué? No lo sé y recuerdo aquella frase: "Solo sé que nada sé", y recuerdo miles de cosas y luego no recuerdo nada.

Si, aquí me encuentro. Si, este soy yo, una voz profunda que se enmudece y que habla de mí, realmente lo que quiero es hablar de ella, pronunciar su nombre; decirle que nunca he besado de verdad, que no lo he hecho porque nunca encontré a alguien que me importara tanto, porque no tengo razones por las cuales estar aquí, que no soy un desalmado, que soy una persona... que no soy nada o así me siento.

Silencio, la voz habla, todos callan; escuchan.

Y escribió estas líneas...

No todos somos herederos de la verdad. No todos somos los que pensamos que somos, no todos... Porque ya no somos los mismos.
Porque ninguno es lo que quiere ser.

La voz deja de predicar, mi mente deja de escribir. Trato de comprender, me es difícil, para mí siempre lo ha sido, tan solo deseo que todo pudiera ser diferente, aunque solo fuera por un instante. Me desespero por eso.

Está bien, confieso, fue mi culpa, yo fui quien hizo que todo terminara así, yo fui quien no hizo nada para cambiar las circunstancias que rodearon los hechos. Confieso, soy el culpable. No he besado de verdad porque nunca quise hacerlo, porque me daba igual hacerlo que no hacerlo, porque así soy yo, a quien todo le da igual.

Vuelve y habla la voz; y escribió estas líneas...

Quien no se hace a sí mismo una vida fácil, facilita el desprecio de los demás en contra de sí. Quien cree que nada es posible, posiblemente no es nada.

Reflexiono, pienso, la voz calla en la oscuridad de un precipicio sin fondo, de un mar tan liso como el cielo. La voz emerge de nuevo y habla.

Y escribió estas líneas...

Porque no somos estrellas ni planetas. Somos asteroides que chocan unos contra otros. Colisionamos contra el universo y éste contra nosotros; me pregunto quién lo sufrirá más.

Rondamos en la luz con los ojos cerrados y en la oscuridad con los ojos abiertos porque simplemente no comprendemos la importancia del todo.

Ella se me escapa, no la convenzo de nada, no cree en mi palabra y tampoco en aquella voz; no puede oír mi voz y mucho menos la voz de quien todo lo sabe, de quien es sincero. Si tuviera el valor para decirle lo que pienso, lo que vivo, que no soy feliz, que no tengo razones, que quiero algo a lo cual aferrarme, algo que poseer aunque sólo sea su mirada nada más o el recuerdo de una sonrisa en su rostro o simplemente un beso en mi mejilla ruborizada por semejante confesión, que a veces (por no decir siempre), parece ridícula y se asemeja al producto de una mente distorsionada por la realidad, por la lucha contra ese mundo que todos llevamos dentro y que a menudo tendemos a olvidar.

Reaparece y escribe...

La desesperanza en la vida sólo conduce a fatalidades extraordinarias.

Quien no tiene ansias por algo mejor muy seguramente nunca ha amado de verdad, nunca ha besado de verdad y tal vez nunca lo haga.

Un sentimiento me aparta de la realidad, una inspiración divina, no me puedo contener al pensar en ella y de pronto me voy navegando solo en un océano rojo y fresco. Pero no estoy solo y ella tampoco, eso lo sabe él que todo lo sabe.

Y escribió estas líneas...

Quien confiesa su desventura tiene el derecho de ser feliz; tiene derecho a perderse en una mirada, en una sonrisa y en un adiós.

Porque eso es más importante que la vida misma, porque todo eso nos hace estar vivos por dentro y nos conduce a lo largo de nuestro destino.

2.

Es de noche, no solo en la tierra sino en mi corazón y reflexiono acerca de lo que ha dicho, la verdad debo confesarlo, me dejó pensando y el no poder llegar hasta ella me deja sin valor; y ella se sigue alejando tan rápido como el día se aleja de la noche. Será porque de verdad me importa y me interesa, por ello me llega tan profundo al alma como nunca antes. Pienso que hago esto por ella y no por mí, tal vez nunca sepa lo que pienso porque el valor y el coraje se pierden en los momentos más bellos y decisivos de la felicidad de una persona. He querido escribirle que es alguien especial y que en su rostro veo comprensión (para otro, porque siento que he quedado como un indiferente con ella y pronunciar su nombre me cuesta trabajo, pero no imaginar su rostro).

Y escribió estas líneas...

Hay quienes piensan que nuestras vidas son paralelas a la felicidad, lo que olvidan es que estas líneas se cruzan en algún punto en el infinito.

Porque lo eterno no es más que un instante, un punto; y lo infinito es eterno.

Mi confesión es larga, es un relato más de lo que siento que de lo que vivo, claro que a la larga lo uno es el reflejo de lo otro, como el hechizo de los espejos en donde una persona se mira pero ve una imagen real y no lo que de verdad quisiera ver. No sé qué fue lo que me atravesó el corazón, si sus ojos o el dejarme pensando como lo ha hecho. Tal vez ni siquiera se dio cuenta de lo que dijo pero me clavó un puñal en el alma, tan profundo que sacarlo es imposible y es mejor así para que la herida no quede al descubierto. Es que con solo una mirada y una palabra he quedado obsesionado por algo más que una amistad, pero de allí surge mi temor porque en ocasiones creo que no puedo cometer ni un error ya que me importa demasiado. Si tan solo fuese otra persona no me importaría, es más si fuese otra circunstancia ni me preocuparía de lo que pudiese pasar, simplemente haría lo que quisiese sin que me importara. Si, yo, al que nada le importa.

Esto me parece ser más una tragedia que una comedia como debería.

Me doy cuenta que no todo sale bien (otra vez me doy cuenta).

Y escribió estas líneas....

Es que la vida no es un juego de monopolio donde jugamos con fichas y a los dados. Tampoco es una ruleta donde gana el que más apuesta.

La vida es... un descubrirse a sí mismo a través de los demás, un devenir constante, una búsqueda de algo que no existe en el corazón.

Lo siento si caigo en la repetición de mis sentimientos. ¿Pero qué puedo hacer? Sí, ya sé que puedo ir a decirle lo que siento, pero la verdad es la única vez que para algo me ha faltado valor. Y es que el valor no llega así de repente, pero sí se va en el momento que la tengo al lado y por ello me limito a seguirla en su juego de palabras donde ella es la que manda.

En ese momento soy infeliz y escucho la voz de quien todo lo sabe.

Y escribió estas líneas...

Y me despiertan una sonrisa aquellos que creen que la felicidad es un cajón, una puerta o una plataforma (o una caja de Pandora). La felicidad es una escalera donde se es infeliz al no seguir hacia delante.

Quien se cree una planta, se queda estático y echa raíces al piso, no es más que eso; un vegetal. Porque siempre es fácil nutrirse de los demás y nunca es fácil ponerse en marcha para seguir hasta el final.

La sigo esperando en mi corazón, porque no soy capaz de hablar ante su mirada y a la vez no soy capaz de callar ante su sonrisa. Una eterna confesión en los azares de la juventud y de la vida. Esa es nuestra historia, ese es nuestro presente y futuro, un futuro esquivo y lejano; corcel indomable.

Y la suavidad del agua siempre termina por ablandar la terca firmeza de la roca, porque el tiempo es su aliada. Para la roca el tiempo es destrucción, demolición, muerte... Preferible ser suave como el agua que ' irrompible' como la roca. ¿Pero quién dice que el agua no es fuerte?

Tan solo es que nos permite pasar a través de ella para revelarnos su interior (intimidad) - para conocerla. El que se da a los demás es más firme que el que se da a sí mismo, aunque del primero se puedan aprovechar más, pero eso a la larga no importa.

No concedo a nadie más mis palabras, todas le pertenecen a ella y ella las ignora porque no comprende ese mensaje tan claro como el cielo despejado de la mañana o el atardecer hermoso donde el sol se niega dejarnos en el horizonte. La quiero y la espero, es que me ha dado mucho con tan sólo un pequeño detalle y siempre recordaré eso, porque lo que no se olvida es lo insignificante que representa gran valor.

Y escribió estas líneas...

Porque no siempre la tempestad llama a la calma, no siempre las cosas tienen un orden o un ciclo, es que la vida no es circular ni monótona. No es tampoco un espiral eterno, pero así nos parece porque no pensamos en otra cosa que en lo invariable de nuestra existencia. No pensamos en lo simple, en esa línea recta sin final que sigue y sigue pero que no toma un curso definitivo ni tampoco una curva; que no sabe dónde va acabar y no le importa de todos modos.

En realidad doy rodeos porque pienso en ella, porque ella es mi vida y pienso en mi vida. Me asusto al pensar en lo que dejé de hacer, pero llego a un estado en donde no me arrepiento de lo que pasó y únicamente espero que el tiempo siga su curso sin remordimientos. Porque ya es cuestión del segundo, del minuto, que a la larga son un día y sólo importa cumplir con el instante.

Recuerdo fechas imposibles, cosas que no hice, que procuré hacer y algunas veces hasta lo logré. Creo que mi error fue no haber buscado a tiempo, porque luego de un rato lo hice, pero ya era demasiado tarde. Sin embargo, mi conciencia está tranquila pues no me equivoqué con ella.

Y escribió estas líneas...

Porque la vida es pasajera, sólo el amor es eterno.

Todo está por hacer y por escribir, porque la vida no es más que una confesión, un relato en borrador donde nosotros mismos buscamos el final. ¿Tragedia o comedia? eso lo decidimos nosotros, los que tenemos la conciencia limpia.

1993

Cuentos Cortos

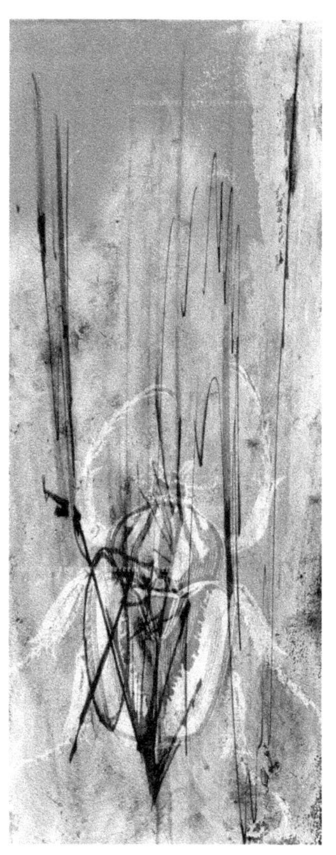

-¿Qué necesitas?
-Tan sólo un aliento...
-¿Para qué?
-Para seguir adelante...
-¿Para qué?
-Para encontrar quien me aliente.

—

Para cuando supo que podía mirar más lejos, el sol se había marchado con el horizonte.

—

No tenía duda alguna que sus palabras no decían lo que él quería.

—

Sólo fue sincero cuando dijo que moría.

—

No había yo pensado en despertar de aquella pesadilla, hasta que me di cuenta que soñaba con la realidad. ¿Y entonces, cómo poder despertar?

—

Y eran sus palabras las que en la noche hacían arder la imaginación de quienes escuchaban.

—

Y el final feliz de la historia, no era más que el triste principio de otra.

—

Frente al crucifijo el soldado se alegraba de su trabajo; aunque algo entrada la tarde, había ya concluido.

—

En la oscuridad de ese laberinto era imposible...o tal vez posible.

—

Tomó aleatoriamente un libro en el viejo anaquel de la biblioteca, al abrir la portada cayó al piso un sobre cerrado dirigido a su nombre.

1990-1993

Poemas

Pensamiento Libre

Sin la geometría,
el mundo sería cuadrado,
la hora y el tiempo también,
los libros ya lo son.

Son los libros los que sostienen las ideas,
al igual que la silla sostiene al hombre
y esta silla es sostenida por el tapete
y el tapete por el piso.

El piso;
un piso vertical es una pared
y las paredes coartan la libertad...
de los animales, los hombres y sus ideas.

Las ideas;
algunas son malas, otras buenas.
Bueno es el universo, el alma del hombre,
los perros, el cosmos, la naturaleza
y lo malo es lo opuesto.
Lo opuesto es malo, o solo pretende ser...
ser opuesto,
lo malo es opuesto a lo bueno,
y malo es todo aquello que causa destrucción.

Destrucción es la causa del...
hombre,
es la causa de la destrucción.

1990

Inseparables

Un momento, un pensamiento
Un sentimiento eterno,
Que sólo perdura un instante en mi alma,
En mi mente
En el tiempo, mi tiempo.

Ideas vagas, sentimientos claros.
Virtud de los poseídos
Desgracia de los triunfadores
Inquietud del alma.

Un alma fría, pálida y un frío perverso.
Frío que cala los huesos, destruye emociones
Perfora el alma, un alma corroída...
Triste, olvidada, perturbada
Y un frío implacable.

Lapso interminable de una agonía que apenas comienza.
Un principio general, un final único.
Una carga pesada e inhumana para los mortales.
Maldición del cuerpo, inquietud del alma.

Un callejón fijo, oscuro; meta invariable de todo ser.
Regocijo del espíritu y sometimiento del cuerpo
Malo y Bueno, compañeros inseparables.
Nuestra única amiga y aliada
Amistad eterna, por siempre
Sin prejuicios ni intereses
Solo una misión: la vida

Lucha incansable, lucha humana y mortal
Nuestras huellas en la arena contra el cincel y el martillo en el bronce.

Destino brutal, huella imborrable
Discordia común, guerra infernal...
Pero sin duda alguna: simplemente inseparables...
Como el agua y el aceite.

1992

Utopía

"Muchas utopías han sido futuras realidades, ...
el obstáculo no impide la historia: el hombre sólo cabe en la utopía."
Ernesto Sábato

¿Qué quieres?, preguntó.
Quiero... un mundo más humano... una utopía en la cual
la integridad y la entereza sean necesarias
la buena voluntad y la dignidad, irrenunciables
la libertad y la conciencia, ineludibles
los sueños, inaplazables
los retos, permanentes
la codicia, inútil
la esperanza, inagotable
desvivirse por el otro, la constante
el destino, alterable
la vida, factible
la amistad, honesta
los besos, las caricias y los abrazos, sinceros
la felicidad, posible
Y el amor, verdadero.

Un lugar del cual me pueda marchar
y al regresar, encontrar más de lo allí abandonado.

Un lugar en el cual el tiempo
pueda seguir su curso sin remordimientos.

Quiero que ella sepa,
que es por ella por quien suspiro.

1999

Para Ella

(quien únicamente se sabe dos poemas,
ojalá con éste fueran tres)

Cierro los ojos y te veo en mi pensamiento,
los abro y te espero en mi corazón.

Y la ansiedad que aumenta al esperar
la llamada que sé que nunca llegará,
pero prefiero engañarme pensando que sí sucederá.

Lo daría todo por saber
que en algún segundo, de algún minuto, de alguna hora,
he pasado por tu mente,
aunque solo fuera producto del cansancio y la insistencia.

Tal vez, en un futuro cuando mires hacia atrás
te darás cuenta que fui sincero y te quise sin pretensión alguna.
Ojalá entiendas que te quise con la ilusión
de poderte decir algún día:
'Quisiera perderme
para encontrarme en tus brazos
en tu sonrisa,
en tus labios,
quisiera perderme,
para que tú me encontraras'.

Y mi alma se estremece
al recordar tu negativa,
y mi corazón en silencio y en fragmentos
implora tu cariño.

Quiero que sepas que no me arrepiento de quererte,
y aunque jamás te diste, ni me diste oportunidad alguna,
para mí valió la pena.
Olvidarte es imposible, y si lo fuera, no lo quiero.

Tal vez, en un futuro, cuando mires hacia atrás,
recordarás que hubo alguien que por ti suspiraba.
Sí, por ti, mujer cruel: figura de ángel con alma de demonio.

1999

No Tengo para Ti un Poema

Amistad sin amor es factible
aunque no es lo ideal;
amor sin amistad es un imposible.

No tengo para ti un poema,
a cambio de eso
siempre estás presente
bajo un firmamento estrellado,
habitando tan sólo en el ahora.

No tengo para ti un poema,
no encuentro la secuencia exacta
para corresponderte por esos momentos;
lo más tiernos, apasionantes y sublimes.

No tengo para ti un poema,
a cambio de eso
siento que tus manos
son extensiones naturales de las mías,
al igual que tus labios.

No tengo para ti un poema,
sin embargo,
debes saber que estás en mi mente
en cada latido,
en mis sueños y al despertar.

No tengo para ti un poema,
y quisiera tenerlo.

2000

Ayer

Ayer estabas tan perfecta,
despertaste en mi deseos incontrolables;
ojalá yo pudiera despertar en ti,
al menos una pizca de lo que tú logras en mí.

Si fuera así, no habría momento
en el cual vacilaras en tomar mi mano,
ni oportunidad que no cultivaras para abrazarme.

Cómo decirte que te quiero,
cómo hacerte entender...

A veces te siento tan lejos,
como si fuera un transeúnte más de la ciudad
y me duele
infinitamente, más que tus ausencias,
creo que te pierdo; te vas y no hay forma de recuperarte.
es un vacío en el corazón
y me espanta.

Otras veces en cambio,
parece que existieras íntimamente en mi alma;
y soy feliz.
Y cerca o lejos,
lo que quiero es sentirte verdadera,
alegre por compartir algún instante conmigo.
Valoro cada momento a tu lado, lo evoco y lo repaso,
trato de memorizarlo y no perder detalle alguno,
para exprimir hasta la última gota
del escaso zumo llamado alegría.
No quiero vivir en el ayer ni de nostalgias;
quiero tenerte aquí y ahora;
me hace falta sentir el latido de tu corazón,
tus labios y todo tu cuerpo.
Hacerte saber que sueño contigo,
que tu sonrisa es mi sol y tus ojos mi felicidad.

Ojalá pudiera yo despertar en ti
al menos una parte de lo que tú en mí.

2000

Liberación y Redención

Lo hago por todos,
lo hago por ninguno:
es decir; para mí.

Te perdono
por tus actos fallidos
y pasividad consciente,
por la amistad maltrecha
y la esperanza devastada,
por tus pedradas en mi alma,
por las mías en la tuya;
por nuestros miedos
infundados
y rencores manifiestos,
por mis ingenuas nostalgias,
por tus frustraciones en las mías
por mi maldita paciencia
tus parcos anhelos de libertad y
nuestras antipatías inherentes
por tus despistes,
orgullos y franquezas,
y por padecer los míos.
Por tus consejos sin intención,
por tus presencias distraídas
y necias ausencias,
por tus caricias y besos
sin fervor,
por tus abrazos sin convicción
y por eludir los míos

Te salvo, te perdono
y te libero;
me libero, me perdono
y me salvo.

2003

Recordando el Sueño

Llantos y sollozos
como cántaros de agua
y la soledad,
que no desampara
melancolías y nostalgias.

Porque uno
sin su sueño
no es uno,
ni es ninguno.

2003

Ellas

Ellas han sido en mi vida
lo más tierno
y sorprendente,
lo más maternal
y solícito,
las más inverosímiles
e invencibles
y por momentos
hasta invisibles,
inevitables
y espléndidas.

Pero también
lo más atroz
y pesaroso,
lo más difícil
y azaroso;
en ocasiones una des-ayuda,
a veces inalcanzables,
casi imposibles,
constantemente un lío.

Y, sin embargo,
no obstante,
y siempre, siempre,
fueron, son,
y Dios quiera,
estando presentes:
Serán mi vida.

2003

Palabras No Pronunciadas

Las palabras
no pronunciadas
son
las más prolíficas / estériles
sabias / imprudentes
y
eternas / efímeras
poéticas / frías
y
prodigiosas / ásperas
decisivas / inciertas
y
valientes / valientes y temerarias,
e
inútiles.

Porque las palabras
sin pronunciarse
no sirven
para nada
y
con el tiempo,
con excesivo remojo,
caen
en la nostalgia
y
al final,
luego de rumiar otro poco
en nuestra mente / corazón,
caen más
en donde debieron estar
desde un inicio;
en el olvido.

2003

Homenaje

Si algún día te marchas
y no pretendes mirar atrás,
no afanes tu paso
si en mí reconoces
un destello de luz.

Si algún día me marcho
y al mirar atrás
descubro en tus ojos
una pizca de amor,
correré presuroso
nuevamente a tu encuentro.

Cuando llegue ese día,
tanto tú como yo
seremos cómplices
de haber encontrado nuestra verdad,
y tan a salvo estaremos,
que así el destino nos depare otros rumbos,
no interesará que ese plazo llegue.

2004

Locura

El mundo está loco,
siempre pide más.
Quieren lo que no les puedes dar,
puedes lo que no quieren
ni esperan
y en nuestra pecera de cristal,
vivimos una ficción ilegítima.

Es un imposible y es un rey villano,
tan despiadado toma
aquello que sin generosidad otorga;
Nada es suficiente,
nada es adecuado
en este tránsito irrisorio.

Y el tiempo
corre en apresurada regresiva,
indicando que poco a poco,
instante a instante,
con delirante entusiasmo
el mundo tomará feroz
aquello que sin generosidad otorga.

2004

Eres

Sos el nudo en mi garganta,
las palabras que desesperadamente quiero pronunciar.
El sentimiento fantástico
que me aparta y me afianza a la realidad,
reescribiéndome
y rearmándome a cada instante.

Sos vos quien inunda mi ser
con tu alma y algo de melancolía.
Sos el aire rebosante
que no quiere escapar.
Sos la ausencia del lamento
un mar encantador.

Sos la asfixia, sos el aire,
sueño y desvelo,
tormenta y calma,
el complemento,
miel en mis labios;
lo que necesito.

Sos la pequeña que sos
y porque sos quien sos,
eres lo que más añoro y adoro.

2004

Emboscada

Todos quieren ser soldados,
y morir por una causa,
con honor y con gloria.
Así no logren la victoria.
Mas no comprenden,
que los soldados,
mueren inútilmente,
sin causa propia.
Y eso,
no es ninguna victoria.

2005

Índice

www.ingramcontent.com/pod-product-compliance
Lightning Source LLC
LaVergne TN
LVHW020639100826
845148LV00012B/2245

* 9 7 8 9 5 8 3 3 6 3 4 4 3 *